KB200133

내 마음대로 된 것이 하나도 없었다

내 마음대로 된 것이 하나도 없었다

변하지 않는 나를 끝까지 포기하지 않으시는 하나님의 은혜 | 홍민기

규장

야곱은 '별로'다.

요셉이나 다윗, 바울이나 베드로보다 매력적이지 않다.
야곱을 준비하면서
그가 치사하고 비열함을 드러낼 때마다 참 별로였다.
뭐 이런 인간이 있나 싶었다.
처음부터 발꿈치를 잡고 나왔다는 것부터
그가 살아가는 인생 여정은
치사하고 거짓으로 둘러싸여 있다.

야곱을 공부하다 어느 날
너무 비슷한 한 사람을 보게 된다.
나 자신이다.
치사하고 사기 치는 인생.
목사로 살며 내가 아닌 나로,

또 목사로 비쳐야 하는 나의 모습에
'사기성'을 발견한 지 꽤 됐다.

야곱의 이야기는 전혀 야곱에게 집중되지 않는다.
오히려 정말 이해할 수 없는 하나님께서 계속 등장하신다.
야곱이 아무 제스처를 취하지 않아도
하나님은 그냥 축복하신다.
이쯤 되면 혼내실 것 같은데 더 큰 축복을 하신다.
이건 뭐지?

야곱을 향한 하나님의 사랑은 철저한 낭비다.
사랑받지 말아야 할 대상을 향한 낭비.
철저하게 주시고 또 주시는 낭비.

그러다 또 나와 오버랩이 된다.

낭비의 사랑으로 살아난 사람
오늘도 끊임없이 그 사랑으로 살아가는 사람.
가성비 제로의 하나님 사랑
낭비에 또 낭비를 거듭하는 주님의 사랑이
야곱에게만 있지 않고 우리에게도 있다.

야곱의 스토리는
'하나님의 사랑 낭비' 스토리다.

끝까지
그렇게
낭비하신다.

그 사랑으로 살았다.
야곱도 나도… 여러분도.

사랑합니다.
주님.
고맙습니다.
주님.

청사포 등대 앞에서

홍민기

contents

1
chapter

발목
잡는
인생,
야곱

창세기 25장 19-26절

아브라함의 아들 이삭의 족보는 이러하니라 아브라함이 이삭을 낳았고 이삭은 사
십 세에 리브가를 맞이하여 아내를 삼았으니 리브가는 밧단 아람의 아람 족속 중
브두엘의 딸이요 아람 족속 중 라반의 누이였더라 이삭이 그의 아내가 임신하지
못하므로 그를 위하여 여호와께 간구하매 여호와께서 그의 간구를 들으셨으므로
그의 아내 리브가가 임신하였더니 그 아들들이 그의 태 속에서 서로 싸우는지라
그가 이르되 이럴 경우에는 내가 어찌할꼬 하고 가서 여호와께 묻자온대 여호와께
서 그에게 이르시되 두 국민이 네 태중에 있구나 두 민족이 네 복중에서부터 나누
이리라 이 족속이 저 족속보다 강하겠고 큰 자가 어린 자를 섬기리라 하셨더라 그
해산 기한이 찬즉 태에 쌍둥이가 있었는데 먼저 나온 자는 붉고 전신이 털옷 같아
서 이름을 에서라 하였고 후에 나온 아우는 손으로 에서의 발꿈치를 잡았으므로
그 이름을 야곱이라 하였으며 리브가가 그들을 낳을 때에 이삭이 육십 세였더라

성경에서 등장하는 인물 중에도 야곱은 참 야비하다.

주위의 사람을 속이는 데 익숙하다.

자신이 이루고자 하는 일을 위해서는

귀한 관계 따위는 그냥 버리는 인간이다.

그런데 너무 신기하게도

하나님은 끝까지 야곱을 축복하신다.

야곱을 우리가 공부해야 하는 중요한 이유 중 하나는

그의 삶에 이해할 수 없는 하나님의 축복이 있기 때문이다.

야곱의 인생

야곱의 삶은 네 부분으로 나뉜다.

첫 번째는 거짓으로 빼앗는 인생이다. 형에게서도 거짓을 통해 장자권을 빼앗고 또 아버지에게서도 거짓을 통해 축복을 받는다. 그 축복을 위해 사실 형도 아버지도 버린 셈이다. 눈에 보이는 것을 위해 눈에 보이지 않는 가치를 쉽게 내어버리는 모습을 발견한다.

욕망은 끝이 없다. 욕망에 초점을 맞추면 다른 것들은 보이지 않게 된다. 야곱이 눈에 보이는 것에 욕망을 갖게 되자 아버지도 형도 보이지 않는다.

두 번째는 도망가는 인생이다. 속여서 받으면 될 줄 알았는데 그때부터 본격적으로 고생문이 열린다. 사람은 절대 나 자신의 삶을 결정하고 살아가지 못한다. 내가 결정하는 것 같아도 내가 원하는 결과가 나오지는 않는다. 도망가서 고생을 많이 한다.

야곱은 자신도 속고 사기를 당한다. 심은 대로 거둔다고 하는데 심은 것보다 더 당하는 것 같다. 자신이 죄악을 저지를 때는 작아 보여도 남이 나에게 저지른 죄악은 엄청 커 보인다.

주님이 우리에게 참 중요한 말씀을 주셨다.

"남의 눈에 있는 티를 보지 말고 네 눈의 들보를 보라."

어찌하여 형제의 눈 속에 있는 티는 보고 네 눈 속에 있는 들보는 깨닫지 못하느냐 보라 네 눈 속에 들보가 있는데 어찌하여 형제에게 말하기를 나로 네 눈 속에 있는 티를 빼게 하라 하겠느냐

마 7:3,4

나만 당하고 사는 것이 아니라 나도 누군가에게 아픔이고 슬픔일 수 있다.

세 번째는 하나님께서 포기하지 않고 변화시키시는 인생이다. 야곱이 변화된다. 이런 인생은 변화되지 않아야 하지 않을

까? 죄악을 선택했을 뿐 아니라 죄성이 아주 고약하다. 그런데 하나님께서 그를 변화시키신다. 그럼 어쩌면 나에게도 변화가 시작되지 않을까?

신앙생활은 변화이다. 가치관이 변화되어 더 이상 세상에 욕심내지 않는 것부터 시작하여 전적으로 거의 모든 부분이 변화된다. 변화가 없는 신앙생활은 없다. 주인이 바뀌면 변화는 자연스럽게 일어난다.

하나님이 누구이신지 알게 되면 우리 모습이 변화되고 세상의 가치에서 하나님의 가치로 가치관도 변화된다. 그 은혜로 "지금 이 시간, 내 잔이 넘치나이다"라고 고백한다. "무엇이 응답되면"이 아니고 지금 이 시간, 나 같은 죄인을 살리신 하나님의 은혜에 만족하게 된다.

네 번째는 하나님과 함께하는 삶이다. 야곱이 못된 놈 맞다. 욕심과 자기사랑이 지나치고 비열한 사람이다. 그런데 하나님에게는 그 야곱의 욕심보다 더 큰 사랑이 있다. 욕심이 지나치고 악한 것과 잘못된 것을 선택하고 있는 야곱을 하나님은 한 번도 버리거나 포기하지 않고 붙잡아주신다.

단 한 번도 우리가 주를 붙잡고 있었던 것이 아니다. 내가 은혜 중에 있든지 그렇지 않든지는 중요하지 않다. 아버지는 절대 그분의 자녀를 놓지 않으신다.

TV에서 기초수급도 못 받는 어르신들의 이야기를 본 적이 있다. 너무 어려운 생활을 하지만 자식들이 어디엔가 살아있기 때문에 대상자가 안 되는 경우를 자주 본다. 그러나 그 부모들은 자식들을 원망하지 않는다. 다 자신의 잘못이라고 한다. 이 땅의 부모들의 사랑도 이러한데 하물며 하나님 아버지의 사랑이랴.

하나님 아버지의 사랑은 완전하다. 그 사랑이 지금 우리를 붙잡고 있다. 변화는 내가 노력해서 이루어지는 것이 아니고 그분 안에 있으면 시작되는 것이다. 그분은 포도나무시고 우리는 가지다.

하나님께서 포기하지 않으신다. 내가 포기해도, 내가 그분의 손을 놓아도 그분은 우리의 손목을 잡고 절대 놓지 않으신다. 하나님께서 우리와 함께하심을 기억하며 살아가자.

내 안의 야곱

야곱을 공부하면서 이런 인간이 또 있을까 싶었다. 거짓과 이기주의로 똘똘 뭉쳐 있는 야곱. 그런데 나는 어떠한가. 야곱을 공부하면서 나쁜 야곱이 나와 너무 자주 오버랩 되는 것을 계속 느꼈다.

그 야곱을 놓지 않으신 하나님의 은혜가 나도 살리신 것이 아닌가. 하나님은 넘치게 사랑하신다. Overflowing love, 하나님의 사랑이다. 그러나 야곱은 넘치게 세상을 사랑한다. 야곱과 우리의 공통점이 이것 아닌가 싶다. 야곱을 보면 내가 많이 보인다. 교회 안에서 잘 가리고 안 그런 척하며 행동해서 그렇지, 까놓고 보면 야곱과 비슷한 점이 참 많다.

우리는 내가 원하는 것이, 어떻게든 내가 좋아하는 방법으로, 어떻게든 내게 유리하게 이루어지기를 바란다. 주의 뜻이 이루어지기를 바란다고 고백하지만, 나의 원함이 세상을 향하고 있는 것조차 의식하지 못한다.

기도하지만 하나님의 마음에는 관심이 없고 내가 원하는 것만 부르짖는다면 그 기도는 더 이상 기도가 아니다. 기도의 시간이 많아도 내 마음대로 기도하는 것은 위험하다. 타 종교의 기도와 우리의 기도가 다른 점은 '대상'에 있다. 우리는 살아계신 하나님께 기도하고, 그분의 마음과 뜻을 알고자 기도한다.

우리는 "하나님이 주인 되신다", "하나님의 뜻대로 산다", "하나님의 방법대로 산다", "하나님께서 원하시는 대로 산다"라고 고백하지만 내가 원하는 게 너무 강하다. 내 안에 욕심과 욕구가 강하다. 그래서 내 욕심을 이루어달라고 기도하기도 한다.

많은 아픔과 고통이 존재하는 인생살이에서 평안의 선물은 주님을 주인으로 모실 때 시작한다. 나의 뜻이 더 이상 큰 의미를 지니지 않을 때 비로소 하나님의 뜻을 볼 수 있다.

세상일이 안 되면 그것마저 주인이신 하나님께서 허락하지 않으신 일이라고 고백하며 살 수 없을까? 내가 전지전능하신 하나님의 능력으로 세상을 얻는 것이 아니다. 우리는 오늘도 죽고 하나님께서 내 안에 사시는 것, 주의 뜻을 붙잡고 이 세상에서 빛으로 살아가야 한다.

하나님은 삶 속에서 우리의 일거수일투족을 바라보시며, 결과보다 과정에 더 큰 관심을 두신다. 결과가 좋든 나쁘든 하나님은 결과가 아니라 어떻게 그것을 이루어 갔는지, 그 과정에서 어떻게 하나님과 동행했는지를 보신다.

주와 동행하며 세상에서 실패하는 것은 절대 실패가 아니다. 오히려 위대한 승리다. 하나님은 인생을 부르시고, 보호하시고, 만나시고, 절대 버리지 않으시고, 돌보시고, 기회를 주셨다. 그 기회 속에서 나는 어떤 반응을 했는지 돌아봐야 한다.

가장 핵심적으로 마음을 돌아보라. 마음에 어떤 욕구가 있는가? 나 중심의 생각들, 욕구들, 죄악들을 보고 내 삶의 정체성을 찾아보라. 내가 원하고 있는 것이 '나'다. 그것이 나의 정체성이다.

진정 하나님이 행하고 역사하시는 인생을 살고 싶은가?

그것을 위해 희생을 감수할 수 있는가?

나의 믿음은 진짜인가?

나의 욕구를 직면하고 다루어라

우리 삶에는 내가 다루어야 하는 감정적 욕구가 있다. 어떤 사람은 돈에 욕심을 내고, 어떤 사람은 관계에 대한 욕심이 있고, 어떤 사람은 사람들의 칭찬과 인정을 바라는 욕구가 강하다. 어떤 사람은 말해야 사는데 어떤 사람은 말을 안 해야 살고, 어떤 사람은 앞에 서지 않으면 미치겠는데 어떤 사람은 앞에 서면 미쳐버린다. 어디서든지 내가 앞장서서 뭔가를 해야 하는 사람도 있고 아무것도 하지 않으려고 하는 사람도 있다.

서로 다른 욕구가 있지만, 그 모든 욕구에 문제가 있다. 우리의 삶 속에 어떠한 욕구가 있는가? 우리의 삶 속에 어떠한 생각이 있는가? 삶 속에서 우리가 지향하는 것은 무엇인가? 그것을 체크해야 한다. 지나친 욕구로 욕심에 이르면 망한다. 욕심과 욕구는 해결해야 한다.

우리가 다 똑같은 것을 욕심내지는 않지만, 사람들은 대체적으로 돈에 대한 욕심이 있고 명예에 대한 욕심이 있다. 내가 인정받고 싶은 욕구도 있다. 그런 욕심이 다른 사람보다 더 강한 사람들이 있다.

반드시 직면하고 다루어야 한다. 놔두면 안 된다. 거짓말을 쉽게 한다면 다루어야 한다. 변화하도록 집중해서 노력하지 않으면 시간이 지나도 좋아지지 않는다.

예전에 서울에서 교회를 개척할 때 지하에서 시작했다. 지하에서 개척해보니 빌딩 2층이나 3층에만 교회가 있어도 너무 부러웠다. 그때 교회의 지상 목표는 지상으로 가는 것이었다.

지하에서 개척하고 1년 있다가 지상으로 갔다. 지상으로 이사한 후 놀라운 일이 벌어졌다. 교회가 지하파와 지상파로 나뉘었다.

"지하를 아니?"

지하 때 아무것도 안 했던 사람이 지하 얘기를 하는 것이었다. 지하 때 열심히 섬긴 사람은 아무 말도 안 하는데, 아무것도 안 했던 사람이 새로 온 분에게 "지금은 좋은 때 왔다" 하는 것이었다. 정말 가관이었다.

교회는 하나님의 것이다. 하나님이 주인이시다. 목사도 주인이 아니다. 교회는 목사가 개척한 것이 아니다. 하나님이 시작하신 곳인데 사람이 시작한 곳 같으면 갈 필요 없다. 우리가 주인이 아님을 똑바로 인식해야 한다.

그런데 우리 안에 욕구가 있다. 내가 주인 되고 싶고, 내가 원하는 인생을 멋지게 한번 살아보고 싶은 욕구, 세상에서 적어도 을의 위치에 있지 않고 갑의 자리에 있고 싶다는 욕구. 그 욕구를 발견하고 정리해야 한다.

당신에게 잘못된 죄의 습관이 있는가? 그런데 왜 가만히 있는가? 육신이 약해서 어쩔 수 없다는 식의 태도를 버려라. 죄의 습관과 욕망을 다루어라. 놔두면 더 큰 욕심이 되고 그 욕심이 장성하면 사망에 이르는 죄를 짓게 된다. 그러므로 가만 놔두지 말고 반드시 다루어야 한다.

청소년 아이들을 가르치다 보면 참 많이 듣게 되는 얘기가 있다. 아이들은 "하나님께서 나를 사랑하시니까 언젠가는 내가 하나님 앞에 돌아오지 않을까요?"라는 말을 하곤 한다.

하나님은 우리를 포기하지 않으신다. 그렇다고 해서 우리가 그 점에만 집중하면서 "하나님이 날 포기하지 않으셔. 그러니까 이렇게 살다 보면 나도 언젠가는 돌아오겠지" 하며 계속 내마음대로 살면 되겠는가?

안일하게 '하나님이 때가 되면 나를 변화시킨다'라고 생각하지 말고 오늘 하나님께서 나에게 직접 하신 말씀이라고 생각하고 당신이 다루어야 하는 감정, 욕구와 욕심을 확인하라.

우리 인생은 공사 중

야곱은 자신을 다루지 못했다. 그래서 계속해서 자신도 속이고 자신도 속임을 당하고 또 다시 속이고 또 다시 속임을 당하는 인생을 계속해서 살아간다. 정말 이런 인생이 다 있나 싶다. 많은 죄인이 성경 안에 등장하지만 야곱은 참 '역대급 양아치' 아닌가 싶다. 치졸하고 치사하다. 그러나 더 놀라운 것은 그런 야곱을 하나님은 포기하지 않으신다는 것이다.

인간들은 반복해서 죄를 짓고 계속해서 자신들의 독선적인 길을 걸어왔다. 하나님께서 원하지 않으시는 길을 걸어왔다. 그런 인간들을 위해 하나님은 독생자 예수 그리스도를 이 땅에 보내셨다. 그리고 그 예수는 십자가에 달려 돌아가시고, 보혈을 흘리고 그 피의 능력으로 우리를 살려주셨다. 그것이 복음이고 성경의 내용이다. 십자가가 없으면 주님을 만날 수 없다.

Under Construction! 우리는 공사 중이다. 지금 하나님은 그분이 원하시는 온전함을 위해서 우리의 인생을 공사하고 계신다. 인생 속에 신앙의 성장과 변화가 매일 일어나려면 하나님의 손이 임재하는 공사 중인 삶이 돼야 한다. 우리는 완성된 인생이 아니다. 온전한 인생은 없다. 지금부터 시작되는 하나님의 공사가 진행될 때 그 공사에 진전이 있어야 한다.

가장 안타까운 모습은 공사가 중단되는 것이다. 공사가 중

단된 건물은 쓰러뜨릴 수도 없고 아무것도 할 수 없는 아주 흉한 것이 된다. 하나님의 만지심이 지속적으로 인생의 공사로 이어질 때 그 인생은 가능성이 있다. 살아계신 하나님의 손길이 나의 욕구와 욕심을, 그리고 생각과 마음을 만지시면 삶의 회복이 새롭게 시작된다.

나면서부터 다투는 죄성

그 아들들이 그의 태 속에서 서로 싸우는지라 그가 이르되 이럴 경우에는 내가 어찌할꼬 하고 가서 여호와께 묻자온대 창 25:22

이삭이 60세(창 25:26)에 얻은 생명인데 두 태아가 어머니 배 속에서 싸운다. 배 속에서부터 싸우는 인생! 죄성이 얼마나 강한지 알 수 있다.

아이를 키우는 그 어떤 엄마도 아이에게 "성질내라", "화를 내라", "짜증 내라", "거짓말해라" 이런 것은 한 번도 가르치지 않는다. 그런데 놀랍게도 아기들은 다 태어날 때부터 자동적으로 한다. 태어날 때 아무것도 모르는 것 같지만 하는 행동이 죄성을 보여준다.

우리 안에는 죄를 향한 욕구가 있다. 사람마다 다른 것에 욕구가 있을 수 있으나 거룩하지 않은 것에 욕구가 없는 사람은 없다. 그 욕구에 대해 기도하지 않고 대비하지 않으면 계속해서 그렇게 살아갈 수밖에 없다. 하나님께서 주신 능력 안에 있는 의지를 가지고 의지적으로 고쳐나가야 한다.

우리를 포기하지 않으시는 그 하나님께서 우리의 삶에 임재하여 주시옵소서! 우리의 삶을 만져주시옵소서!

> 후에 나온 아우는 손으로 에서의 발꿈치를 잡았으므로 그 이름을 야곱이라고 하였으며 리브가가 그들을 낳을 때에 이삭이 육십 세였더라 창 25:26

사람을 세우는 사람도 있고 사람의 발목을 잡는 사람도 있다. 이 세상에서 좋은 만남만 있으면 좋겠지만 현실은 그렇지가 않아서 우리를 넘어뜨리려는 사람도 있고 세우는 사람도 있다.

세우는 사람은 교만하지 않고 겸손하다. 질투하고 시기하지 않고 남을 용납하는 사람이다. 말을 한마디 해도 세우는 말을 한다. 공동체를 살리는 사람의 덕목에서만 발견된다. 나의 삶속에 오늘도 그 모습들이 일어나고 있는지 확인하자.

남의 발목을 잡으면 그 즉시 나도 그의 발목에 붙잡힌다. 그

발목을 붙잡고 있어서 상대방이 부자유스러운 만큼 붙잡고 있
는 내 손도 부자유스럽다. 그러나 상대를 세우고 소중하게 대
하면 그 소중함이 나에게 돌아온다.

주님은 이웃을 내 몸처럼 사랑하라 하셨다. 그분의 창조 질
서 중 그 모습이 가장 주께서 창조하신 인간의 본 모습이지 않
을까? 나 중심에서 하나님 중심으로 살아가는 변화를 경험하
면 구체적인 삶의 변화로 이어진다. 두루뭉술하지 않다. 내 안
에 성령께서 주인 되시면 그로 인해 충만하게 된다. 그 삶의 모
습에는 인격적인 변화가 있다.

성령충만한 사람은 기도하는 척하는 사람이 아니다. 쉰 목
소리로 할렐루야를 외치는 사람이 아니다. 아멘을 크게 외치는
사람도 아니다. 성령충만한 사람에게는 아홉 가지 성령의 열매
가 나타나야 한다. 아홉 가지 성령의 열매는 구체적이다.

사랑, 희락, 화평, 오래 참음, 양선, 자비, 충성, 온유, 절제
이 모든 것은 인격적으로 변화를 요구하시는 말씀이다.
그 구체적인 성령의 열매가 있는지 점검하자.

야곱은 배 속에서부터 형의 발목을 잡는 인간이었다. 태어날
때부터 그런 사람이었다. 단 한 번도 누군가를 세우는 인생으

로 살지 않는다. 그러나 성경은 그 야곱을 하나님께서 어떻게 고쳐나가시는지 보여주며, 그를 놓지 않으시는 하나님의 사랑에 주목한다. 그리고 그 사랑은 오늘 힘겹게 세상을 살아가는 모든 사람에게 좋은 소식으로 전해진다.

발목 잡는 인생이 변화하면

자기는 그들 앞에서 나아가되 몸을 일곱 번 땅에 굽히며 그의 형
에서에게 가까이 가니 창 33:3

야곱이 다시 에서를 만나는 모습이다. 에서도 그 당시에 상당한 부를 가지고 있었지만 야곱도 상당한 힘을 가지고 있었는데 야곱이 형에게 어떻게 하는지를 보라. 일곱 번씩 계속해서 몸을 땅에 굽히면서 절한다.

지난날 야곱은 에서와 원수가 되었다. 그런데 그 원수를 다시 만날 때 야곱은 자신의 목숨을 걸고 일곱 번 절을 한다. 교만하고 나 중심인 인생은 남의 발꿈치를 잡지만 하나님의 손에 잡힌 인생은 상대 앞에 자신의 몸을 낮춘다. 내 마음대로 사는 인생은 타인의 고통을 유발하지만 하나님의 만지심이 있는 인

생은 감동을 준다. 야곱은 에서를 감동시킨다.

하나님의 사람은 온유하다. 인격에 가장 드러나야 할 것은 온유함이다. 온유한 사람은 자신을 낮춘다. 하나님의 사람은 삶 속에 낮아짐이 표본이다. 사랑은 온유하나 교만은 건방지다. 감동을 주는 사람은 교만할 수 없다. 뻣뻣해지지 말고 유연해지자. 하나님의 사람은 절대로 뻣뻣하지 않다.

하나님의 사람은 용납한다. 하나님의 사람은 절대로 누구를 죽이려 하지 않는다. 하나님의 사람은 트집 잡지 않는다. 사랑이 없으면 천사의 말을 할지라도 울리는 꽹과리가 된다.

내가 사람의 방언과 천사의 말을 할지라도 사랑이 없으면 소리 나는 구리와 울리는 꽹과리가 되고 고전 13:1

하나님의 사람은 사랑한다. 하나님을 사랑하는 사람은 하나님의 자녀인 이웃을 사랑한다. 이웃을 사랑하면 그 사랑으로 그 이웃만 살아나는 것이 아니다. 존중하고 사랑하는 만큼 나 자신이 산다. 오늘보다 더 사랑하자. 더 적극적으로 사랑하자. '내가 이만큼 사랑하면 이렇게 해주겠지'라는 생각 전혀 없이 더 적극적으로!

지금은 한국에서도 거의 더치페이를 한다. 특히 젊은이들이 데이트할 때 보면 남자가 밥을 사면 여자가 커피를 사고, 참 예쁘게 잘하는 것 같다.

내가 미국에 있던 1980년대 초에는 한국에 아직 더치페이라는 문화가 별로 없었다. 한국에서 유학 온 형들은 더치페이가 정이 없다며 더치페이를 없애버리겠다고들 했다. 그래서 "미국 친구들을 만나면 내가 쏜다" 하고는 자신이 대접했다. 두 번째 만나서도 "내가 쏜다"라며 동일하게 한다.

그러면 놀라운 일이 생긴다. 세 번째 만났을 때 그 미국 친구가 "내가 쏠게" 하는 것이다. 그러면 한국 유학생이 "이거 봐라. 미국 애들도 이렇게 하면 다 한다. 다 되는 거다"라며 득의양양해진다. 네 번째 만날 때 미국 친구가 또 대접한다.

그런데 다섯 번째 만나면 또 다시 더치페이를 하는 것이다. 앞서 미국 친구가 쏜 것은 한국 학생이 두 번 이상 쐈기 때문에 자기도 그에 맞춰 두 번을 쏜 것이다. 그러고 나서 그다음 다섯 번째 만나면 그때부터 다시 더치페이로 돌아가는 것이다. 그 모습에 유학생들은 절망했다. '너 한 번 했으면 내가 한 번 해야지' 이렇게 다 계산하고 있었으니까.

불신자인 어떤 분이 교회에 왔다. 자기 가족 중에 몸이 아픈 사람이 있는 분이었다. 그때 그 분은 헌금 한 번 하고 헌금통이 돌 때 헌금을 또 했다. 내가 무엇을 조금만 더 하면 하나님이 조금 더 도와줄 것 같은 마음이 있는 것이다.

하나님 앞에서는 '내가 이렇게 하면 하나님이 이렇게 해주신다' 해서는 안 된다. 하나님은 거저 주시는 분이다. 삶 속에 하나님의 손이 드러나는 간증이 있기를 기도하자. 내가 무엇인가를 해서 하나님께서 움직이시는 것이 절대 아니다.

야곱은 이스라엘이 된다. 이 책은 야곱이 어떻게 이스라엘이 되는지를 붙잡는 여정이 될 것이다. 야곱의 인생에 은혜로 변화를 시작하신 하나님은 오늘 우리를 변화시키신다. 나는 죽고 주님이 내 안에 사시는 삶으로 부르신다. 십자가 앞에서 죽음으로 부르신다. 우리를 살리려고 죽이신다.

내가 죽고 주님이 사시는 역사가 고백 될 때 새 생명의 역사가 일어난다. 매일 새로운 영적 삶의 토대는 죽음이다.

야곱에게 새로운 이름이 주어진 것은 자아의 죽음과 십자가 부활의 은혜다. 모든 영역에 주님이 함께하시는 역사가 드러나야 한다. 회심은 그런 것이다. 온전한 변화, 야곱의 삶에서 그것을 이루신 하나님께서 우리의 삶에도 역사하신다. 회심의 역사가 우리의 인격과 삶의 모든 영역에서 나타나야 한다.

2
chapter

가볍게
여김

창세기 25장 27-34절

그 아이들이 장성하매 에서는 익숙한 사냥꾼이었으므로 들사람이 되고 야곱은 조용한 사람이었으므로 장막에 거주하니 이삭은 에서가 사냥한 고기를 좋아하므로 그를 사랑하고 리브가는 야곱을 사랑하였더라 야곱이 죽을 쑤었더니 에서가 들에서 돌아와서 심히 피곤하여 야곱에게 이르되 내가 피곤하니 그 붉은 것을 내가 먹게 하라 한지라 그러므로 에서의 별명은 에돔이더라 야곱이 이르되 형의 장자의 명분을 오늘 내게 팔라 에서가 이르되 내가 죽게 되었으니 이 장자의 명분이 내게 무엇이 유익하리요 야곱이 이르되 오늘 내게 맹세하라 에서가 맹세하고 장자의 명분을 야곱에게 판지라 야곱이 떡과 팥죽을 에서에게 주매 에서가 먹으며 마시고 일어나 갔으니 에서가 장자의 명분을 가볍게 여김이었더라 중요한 것을 아는 것이 지혜다.

무엇을 해야 하는지 알고 언제 해야 하는지를 알면

인생을 살아가는 데 큰 도움이 된다.

가볍게 여겨야 할 것을 가치 있는 것인 양 붙잡는 것은

신앙생활에서 가장 경계해야 하는 일이다.

사탄은 우리에게 가볍게 여겨야 할 것을 중요하게 여기고

중요하게 여겨야 할 것을 가볍게 여기도록 유혹한다.

야곱과 에서는 중요한 것을 가볍게 여긴다.

지금 내 생각이 나의 미래를 만든다

야곱의 시대에는 사냥을 잘하는 사람이 가장 훌륭한 남자였다. 지금과 달리 꽃미남은 가격이 별로 안 나가고 남자다운 사람들이 좋았던 시절이다(나도 그때 태어났어야 했다).

에서는 남자 중의 남자였다. 부족의 리더였고 무엇보다 사냥을 나가면 가장 많은 짐승을 잡는 사람이었다. 그는 능력자였고 사람들의 칭찬과 부러움을 받는 사람이었다. 에서는 하나님을 따르지 않았다. 그는 자신의 힘으로 살아갈 수 있는 사람이었다. '내 힘으로 살아갈 수 있는 사람'은 가장 위험한 사람이다.

야곱은 조용한 사람이다. 요리하기 좋아하고 어머니를 기쁘게 하는 아들이며, 생각을 많이 하고 조용한 시간을 많이 갖는 사람이었다. 만일 야곱이 조용한 시간에 하나님 말씀을 묵상하고 좋은 생각을 하고 '어떻게 하면 내가 섬길 수 있을까?' 생각했다면 그는 완전히 다른 삶을 살았을 것이다.

야곱은 조용한 시간마다 '어떻게 하면 내가 뺏을 수 있을까? 어떡하면 내가 장자권을 빼앗을까?' 생각했다. 시간만 나면 그 생각을 하는 것이다. 모든 행동은 생각에서 시작한다. 선과 악 모두 생각에서 시작된다. 묵상에서 중요한 것은 그 말씀을 통해 내 생각 속에 하나님의 법이 기준이 되는 것이다.

복 있는 사람은 악인들의 꾀를 따르지 아니하며 죄인들의 길에 서지 아니하며 오만한 자들의 자리에 앉지 아니하고 오직 여호와의 율법을 즐거워하여 그의 율법을 주야로 묵상하는도다 시 1:1,2

장자권은 두 배의 재산을 받는 것이다. 1년 뒤에 태어난 동생도 아니고 쌍둥이니까, 그것도 발꿈치 붙잡고 태어난 쌍둥이니까 얼마나 속이 뒤집혔겠는가? 야곱은 항상 생각한다.

'어떻게 하면 장자권을 받을까?'

하나님의 축복이 눈에 보이는 장자권에 한정된 것으로 생각했다. 유산을 많이 받아 이 땅에서 잘 먹고 잘살고 싶었고 지금 사람들에게 인정받는 에서에게 기죽고 싶지 않았다.

지금 내가 하는 생각들이 미래의 삶의 모습을 만들어간다. 슬프고 우울한 생각에 사로잡히면 우울한 미래를 맞이한다. 지금의 환경을 무시하는 것은 아니지만 긍정의 생각은 새로운 에너지가 될 수 있다.

장자권을 탐낸 자와 경시한 자

에서는 나가서 사냥하여 고기를 잡아다 드리며 아버지의 신임을 받고 있었다. 아버지는 에서를 아주 좋아했다. 이삭의 성정도 야곱과 비슷한 편이다. 사람은 자신과 반대되는 사람을 좋아한다.

아버지가 에서를 좋아한 반면 엄마는 야곱을 좋아했다. 아마도 아버지가 에서를 지나치게 좋아하자, 여성은 그런 면에서 예민하고 세심하니까, 엄마는 밸런스를 맞추기 위해 야곱을 더 좋아했던 것 같다.

야곱이 죽을 쑤고 있는데 밖에서 사냥하던 에서가 들어온다. 야곱이 음식을 만들고 있다는 것으로 보아 지금 이들이 사냥 여행이나 유목 여행을 하고 있는 상황임을 추측할 수 있다.

그래서 에서는 종들과 나가서 사냥을 하고 야곱만 팥죽을 쑤고 있는 상황이다.

야곱이 '이번에 내가 죽을 팔아 장자권을 얻어야지'라는 생각을 하면서 함께 사냥을 떠났다기보다는 항상 '어떻게 하든 나는 장자권을 받아야 하는데'라는 생각이 온통 머리에 가득한 채로 살고 있었다.

죽을 만들고 있을 때 에서가 들어와서 피곤하다고 말한다. "나 사냥하고 왔다"라는 것이다. 나의 도리를 다했다는 것이다. 얼마나 에서가 자신의 능력으로 살아갈 수 있다는 자신감이 넘치는 사람이었는지 보여주는 말이다.

그리고는 자신이 죽게 생겼으니 어서 그 팥죽을 달라고 한다. 이 세상에 한 끼 안 먹는다고 죽는 사람은 없다. 급한 성격에 앞뒤 가리지 않고, 원하는 것을 바로 얻기 원하는 에서를 야곱은 잘 알고 있었다. 그래서 배고파서 죽게 생겼다는 그 형에게 "나에게 장자권을 팔아라!"라고 말한다.

얼마나 야비한 인간이면 형제끼리 밥 한 끼 먹는데 장자권을 받고 밥을 팔려고 든단 말인가. 동기끼리 아무리 사이가 안 좋아도 밥 한 끼 먹는데 내가 밥을 다 차려놓고 "너 우리 집에서 돈 내놓고 밥 먹어라" 하는 사람이 있는가? 그런데 이것은 돈도 아니고 장자권을 내놓으라는 것이다!

그런데 에서는 전혀 거리낌이 없다.

"야, 내가 죽게 생겼는데 그까짓 거 아무것도 아니지! 네 마음대로 해라!"

하나님의 축복이나 언약에는 전혀 관심이 없다. 내 힘으로 사는 사람의 모습이다. 에서가 하나님의 말씀을 묵상하고 하나님을 아는 사람이었다면 하나님의 축복을 쉽게 생각했을까?

사람의 결정은 절대 그 상황 속에서만의 모습을 나타내는 것이 아니다. 그의 결정은 삶의 가치를 표현한다. 사람이 살아오며 결정한 결과는 그 사람이 지닌 가치관의 표현이다.

야곱은 조용한 사람, 생각이 많은 사람이다. 그냥 안 넘어간다. 형이 그냥 말로 넘어갈 것 같으니까 맹세하라고 한다. 맹세하라는 것은 각서 쓰라는 것이다.

야곱이 이르되 오늘 내게 맹세하라 에서가 맹세하고 장자의 명분을 야곱에게 판지라 야곱이 떡과 팥죽을 에서에게 주매 …

창 25:33,34

에서가 먹는다. 죽만 달라고 했는데 야곱이 떡도 준다. 에서는 죽을 먹으며 기분이 좋아진다.

'이 녀석 생각이 있네. 그래도 형 대접하네.'

치밀하게 준비하여 장자권을 빼앗은 야곱은 죄인이다. 하나님의 축복을 귀하게 여기지 않은 에서도 죄인이다. 성경은 위대한 신앙 선배들의 이야기가 아니다. 그저 우리와 같은 죄인들이 하나님의 긍휼하심으로 세워지는 과정을 알려주는 말씀이다. 그 하나님께서 오늘도 나에게 일하신다. 변화시키시고 세우신다.

하나님의 축복은 욕심내도 괜찮다?

"야곱은 하나님의 축복과 장자권에 대하여 욕심을 가졌던 사람이기 때문에 축복받았다"라고 말하는 사람들이 있다. 동의할 수 없다. 그것은 성경적으로 푼 것이 아니고 사람 중심으로 풀어놓은 것이다.

"욕심을 가져도 하나님의 축복에 욕심을 가지면 된다"라고 말하는 사람도 있다. 아니다. 욕심은 안 된다. 어떤 상황에도 남의 것을 빼앗으면 안 된다. 어떤 순간에도 빼앗으면 안 된다. 악을 정당화하지 말자.

야곱은 하나님의 축복을 욕심낸 것이 아니다. 그는 아버지의 유산을 욕심낸 것이다. 눈앞의 유산은 야곱에게 포기할 수 없는 대상이었다. 가볍게 여겨야 할, 눈에 보이는 물질에 눌려 장자권을 빼앗은 것이다. 하나님은 과정을 보시는 분이다. 하나님의 축복을 원하면 거짓으로 빼앗는 방법을 택할 수 없다.

수단과 방법을 가리지 않고 무엇인가를 이루려고 하는 것은 신앙인의 태도가 아니다. 신앙은 나 살자고 남을 죽이는 삶을 살 수 없게 한다. 신앙의 기본은 십자가요 십자가는 내가 죽어 남을 살리는 메시지다. 기독교 안에 존재하는 독선과 교만과 이기주의는 십자가의 정신을 위배한다.

이런 기도를 하는 사람이 있다.

"하나님, 이 자리에서 제가 어느 누구보다 더 많은 은혜를 받게 해주세요."

이것은 하나님께서 원하시는 것이 아니다. 공동체적 의식이 없는 것이다. 자기만 은혜를 사모하는 것처럼 하나님을 사랑하는 것처럼 착각하는 행동이다. 하나님은 "선한 것은 욕심을 내서 더 많이 가져라"라고 말씀하지 않으신다.

혼자 은혜를 받았다고 되는 게 아니다. "하나님의 장자권을 욕심내니까 하나님이 축복하셨다"라고 하는 것은 성경을 인본주의적으로 푼 것이다. 하나님 중심적으로 성경을 봐야 한다. 하나님의 말씀은 사람이 핵심이 아니다.

나만 살고 보자는 태도는 기독교가 아니다. 교회에서 혹시 영적인 것이라도 욕심을 내는 사람을 귀하게 여겼다면 잘못이다. 어느 것도 욕심내면 안 된다. 어느 것에도 욕심내지 않고 내 것이 아닌 것에 욕심을 갖지 않는 것이 중요하다.

욕심내지 말라.
눈에 보이는 것에 욕심내지 말라.
지금 있는 것에 만족하라.
하나님께서 주신 것에 만족하라.

내가 원하는 대로 살고자 하는 것이 문제다. 욕심을 다루지 않는 한 공동체와 지체들을 위해 간절히 기도하고 그들을 진심으로 사랑할 수 없다. 그들의 삶에 임하는 축복을 함께 기뻐할 수 없다. 그것은 불행이다.

밥상을 베풀고 나누는 공동체로

진정한 은혜를 경험하면 그 은혜를 나누고 다른 지체들도 그 은혜를 경험하기를 간절히 기도한다. 그 공동체에서 내가 제일 많은 은혜를 받기 원하기보다 그 은혜가 가장 필요한 지체를 기도 속에 품게 된다. 그 마음이 중보로 이어진다.

"주님, 지금 그 지체에게 은혜를 주옵소서."

은혜를 위하여 함께 울고 함께 기도하면 그 공동체에 영적 파워가 나타나고 영적 시너지가 나타난다.

교회에는 공동체적 책임이 있다. 나는 옆 사람에게 책임이 있고 뒷사람에게 책임이 있다. 공동체의 한 사람 한 사람에게 다 책임이 있다. 야곱은 자기 것이 아닌 장자권을 빼앗았다. 그는 형에게 공동체적 책임을 지는 마음이 없었다.

주님의 은혜를 갈망한다면서 공동체를 무시하는 것은 믿음의 사람이 하는 행동이 아니다. 신앙의 것이라도 나만 은혜를 받으려는 것은 공동체적 책임이 없는 성도의 모습이다.

우리의 공동체가 어떻게 하나님 앞에 나아갈 것인가? 교회에서 열심 내고 자신이 인정받고 싶어 하는 마음을 다루어야 한다. 놔두지 말라. 단호하게 그 마음을 끊어내고 기도하면서 공동체에 도움이 되도록 살아야 한다. 공동체적 책임을 벗어나는 순간 교회가 아니다.

하나님의 사람은 긍휼을 행한다. 남의 것을 빼앗는 것이 아니라 어떻게 하면 나의 것을 나눌까 고민한다. 생각 자체가 다르다. 주께서 허락하신 것들을 감사하고 주께서 거저 주신 것을 또 거저 주기를 원한다.

"하나님! 저는 누구보다 제가 은혜 많이 받게 해주세요"가 아니라 이런 기도를 드리자.

"우리 공동체에 은혜를 주십시오. 하나님! 우리 공동체가 나누어주는 밥상을 차릴 수 있는 교회가 되게 해주십시오. 남의 것까지 빼앗는 밥상이 아니라 나누는 밥상이 되게 해주십시오."

우리의 밥상은 나누는 데 목적이 있다. 교회는 우리를 위해서 있는 게 아니라 이 사회를 위해서, 세상을 위해서 있는 것이다. 교회의 존재 목적은 세상의 빛이 되는 것이고 그 비전은 나누는 것이다.

성도의 정체성은 하나님의 영광을 찬양하는 것이다. 에베소서는 이렇게 말씀하고 있다.

이는 우리가 그리스도 안에서 전부터 바라던 그의 영광의 찬송이 되게 하려 하심이라 엡 1:12

야곱은 하나님의 영광을 찬양하는 모습인가? 그는 빼앗는 밥상을 차렸다. 밥상을 차려도 빼앗는 밥상을 차렸다. 남의 것을 빼앗는 밥상은 모르고 저지른 것이 아니라 계획적인 죄다.

당신에게는 베푸는 밥상이 있는가? 따뜻한 밥 한 끼로 사람이 살아날 수 있고 새로운 힘을 얻을 수 있다. 사랑의 식탁이 당신의 삶 속에 존재하는가? 삶 속에 그 밥 한 끼가 존재하는가? 우리의 밥상은 빼앗는 밥상이 아니라 나눠주고 살리는 밥상이 되어야 한다.

한 번 사는 인생을 '저 인간 언제 기회가 있으면 내가 꼭 복수한다'라는 생각으로 살지 말고, 또한 그렇게 복수를 당해야하는 인생도 살지 말자. '내가 어떻게 하면 섬길 수 있을까? 베풀고 나눌 수 있을까?' 고민하는 인생을 살자.

눈에 보이는 복이 아니라 눈에 보이지 않는 복을 따라가야한다. 눈에 보이지 않는 복을 따라가는 사람은 눈에 보이는 것에 대하여 무엇을 먹을까 무엇을 마실까 걱정하지 않는다. 세상에 마음을 빼앗기며 살아가지 않고 주님이 주신 것으로 만족한다.

우리는 그 누구도 부럽지 않은, 주님을 목자로 섬기는 양으로서 사는 성도가 되어야 한다. 더 많은 것을 누리는 것보다 이미 허락하신 것을 기뻐하고 만족할 때 "여호와는 나의 목자시니 내게 부족함이 없으리로다"라는 고백은 세상 속에 신앙적선포가 된다.

귀중한 것을 가볍게 여긴 에서의 가벼움

에서는 가볍게 여기면 안 되는 장자권을 가볍게 여겼다. 장자의 권한은 하나님께서 만드신 질서였다. 하지만 에서는 나의 힘으로 살아갈 수 있다고 자신했고 야곱 정도가 자신에게 그런 일을 할 수 없을 것이라고 확신했다. 주위 모든 사람이 리더로 따랐고 자신의 능력을 믿었던 에서는 하나님의 축복 없이 살 수 있는 사람이었다.

때로는 우리가 가진 것이 하나님과의 관계를 방해한다. 돈이 많은 사람은 그 돈 때문에 신앙생활을 못 한다. 돈이 주는 힘이 그를 주님을 따르는 사람으로 살지 못하게 한다. 나의 능력이 때로는 하나님과 거리를 두게 한다.

그러나 아이러니하게도 우리는 기도할 때마다 능력을 간구한다. 하나님이 능력이시니 우리는 그 포도나무의 가지가 되기만 하면 되는데 더 많은 능력을 달라고 기도한다. 더 많은 능력이 나에게 오히려 독이 될 수 있는데 능력을 간구한다. 물론 비단 능력만의 이야기가 아니다.

우리에게 필요한 것은 능력이나 돈이나 명예 등 세상의 소유물들이 아니라 순종이다. 내 마음대로 살기를 포기하고 주를 따르기로 결심하는 순종이 가장 필요한 것이다.

하나님의 장자권을 우습게 여기는 에서는 자신의 힘으로 살 자신이 있었다. 자신이 없는가? 괜찮다. 고통 중에 앞길이 잘 안 보이는가? 오히려 괜찮다. 기억하라. 가장 위험할 때는 '자신이 있을 때'다.

'내가 사냥하고 내가 먹고살면 돼. 내가 부족을 이끌면 돼! 나 장자권 같은 거 필요 없어!' 하는 것이 가장 위험하다. 가장 소중히 여겨야 할 것을 가볍게 여기는 에서처럼 살면 안 된다.

에서는 야곱이 팥죽 한 그릇에 장자권을 빼앗아갈 것이라고는 생각하지 못한 것 같다. 야곱이 축복을 대신 받고 나서 도망가지 않으면 안 될 정도로 그는 분노했다. 사냥하고 너무 배고픈 형에게 팥죽을 주면서 그 중요한 장자권을 정말 가져가리라고는 생각하지 못했다. 그만큼 에서는 하나님과의 관계가 가벼웠다.

묵직하고 진지하게 하나님 말씀을 듣는 사람은 가볍게 행동하지 않는다. 말씀 공부를 하면 할수록 인생을 향하는 태도가 가볍지 않게 된다. 제사로 드려지기 원하는 인생이 어찌 가벼울 수 있는가?

야곱이 떡과 팥죽을 에서에게 주매 에서가 먹으며 마시고 갔으니… 창 25:34

가장 귀하게 여겨야 할 하나님의 약속을
가볍게 여긴 에서,
그는 귀하게 여길 것을 가볍게 여기는 자였다.

영원한 것은 의미 있는 것이다. 그것들을 쉽게 여기면 영원히 죽는다. 세상의 것은 있어도 되고 없어도 되는 가벼운 것이다. 그러나 세상은 영적인 것을 가볍게 여긴다. 믿음을 가볍게 여긴다. 귀한 것을 귀하게 여기고 가볍게 여길 것을 가볍게 여기는 영적 분별력이 필요하다.

영적 양식에 대한 갈망

이 장의 본문은 야곱과 에서가 태어나고 한 25년에서 30년 뒤의 일이다. 서른이면 적은 나이가 아니다. 가볍게 여길 것이 무엇인지, 귀하게 여겨야 할 것이 무엇인지 아는 나이다. 더 놀라운 것은 그런 식으로 사니까 나이 70이 돼서도 자기 아버지 속여서 축복받고 도망가는 것이다.

야곱은 빼앗기 위해 조용하고도 치밀하게 계획했다. 에서는 하나님의 장자권을 가볍게 여겼다. 장자권을 가볍게 여긴 에서도 잘못했고, 그저 베풀 수 있는 그 따뜻한 밥 한 끼를 팔아먹어서 내 것도 아닌 형의 것을 빼앗은 야곱도 잘못했다.

예수께서 40일 금식하신 후에 사탄이 바로 먹는 것으로 유혹한다. 원죄는 어디서 나왔나? 먹는 것에서 나왔다. 그렇다면 우리는 무엇을 조심해야 할까?

사람은 떡으로만 사는 것이 아니라 하나님의 말씀으로 산다. 그렇다면 영의 양식은 어떠한가? 당신의 삶에는 온전한 식탁이 있는가? 영적인 온전한 식탁이 존재하는가? 그 식탁에 누군가를 초대하여 그 사람까지 살리는 역사가 있는가?

하나님이 제정하신 장자권을 자기 마음대로 사고판 그들은 하나님을 섬기는 자들이 아니다. 하나님 나라에 속한 하나님의 사람은 그렇게 살면 안 된다. 돈도 마음대로 벌면 안 된다. 수단과 방법을 가리지 않고 버는 것은 안 된다. 개처럼 벌어서 정승처럼 써도 안 된다. 그러느니 없는 게 낫다. 하나님의 뜻대로 벌어야 한다. 가볍게 여길 것을 가볍게 여기고 귀하게 여길 것을 귀하게 여길 줄 알아야 한다.

당신은 가볍게 여겨야 할 세상을 너무 소중하게 대하고 있지 않은가? 가볍게 여겨야 할 세상의 물질을 너무 소중히 여기며 원하고 있지는 않은가? 가볍게 여길 것을 무겁게 여기고, 무겁고 소중하게 여길 것은 가볍게 여기지 않는가?

당신의 삶 속에 하나님의 양식, 영적인 양식에 대한 갈망은 얼마나 있는가? 정말 하나님을 사랑하는 마음은 얼마나 있는가? 하나님을 사랑하면 세상을 사랑할 수 없는데 왜 그렇게 세상을 무겁게 붙잡고 늘어지고 있는가? 가볍게 여길 것은 왜 그렇게 소중하게 붙잡고, 소중히 여길 것은 왜 그렇게 가볍게 여기고 있는가?

소중한 것은 무엇이고 가볍게 여겨야 할 것은 무엇인지 분별하며 살아있는 신앙생활을 하자. 다만, 영적인 것을 귀하게 여길지라도 남의 은혜를 탐하거나 부러워하면 안 된다. 함께 기뻐하고 즐거워하는 공동체적 고백이 있어야 한다.

한쪽이 장자권을 더 좋아했기 때문에 더 나은 게 아니다. 내 것이 아닌 것을 빼앗은 것이다. 그것은 옳지 않다. 한쪽이 더 나은 게 아니고 둘 다 문제였다.

야곱과 에서 둘 다 문제투성이 인생이다. 그러나 핵심은 두 사람의 이야기가 아니다. 본문의 핵심은 이 말도 안 되는 두 인생을 끝까지 포기하지 않으시는 하나님의 은혜와 사랑이다. 인간이 보기에도 좋지 않은 그들을 끝까지 놓지 않으시는 하나님의 은혜다.

하나님은 그들을 포기하지 않으신다. 야곱을 변화시키고 그들을 다시 만나게 하신다. 성경은 끝까지 포기하지 않으시는 하나님을 보여준다.

오늘 우리에게도 우리를 끝까지 포기하지 않으시는 하나님의 은혜가 있다. 우리가 예배드릴 수 있는 것은 빈들에 마른풀 같은 우리를 주께서 포기하지 않으시기 때문이다.

이해할 수 없는, 치사하고 잘못된 선택을 거듭하는 야곱을 그의 끝없는 죄보다 더 끝없이 사랑하시는 하나님의 사랑 이야기가 야곱의 인생이다. 그 사랑으로 인간이 되시고 우리 죄를 위하여 십자가에 돌아가시고 우리를 살리신 하나님의 은혜를 찬양한다.

3

chapter

하늘의 신령한 복

창세기 27장 1-4절

이삭이 나이가 많아 눈이 어두워 잘 보지 못하더니 맏아들 에서를 불러 이르되 내 아들아 하매 그가 이르되 내가 여기 있나이다 하니 이삭이 이르되 내가 이제 늙어 어느 날 죽을는지 알지 못하니 그런즉 네 기구 곧 화살통과 활을 가지고 들에 가서 나를 위하여 사냥하여 내가 즐기는 별미를 만들어 내게로 가져와서 먹게 하여 내가 죽기 전에 내 마음껏 네게 축복하게 하라

창세기 27장은 창세기부터 요한계시록까지 중에서
가장 치사한 이야기가 등장한다. 이렇게 치사할 수 있을까?
네 명의 등장인물이 있다.
너무나 잘 아는 이삭, 이삭의 아내 리브가, 에서, 그리고 야곱.
성경에 꽤 많은 분량이 있는 사람들이다.
본문에 등장하는 이 네 명 모두가 다 치사하다.
27장은 사람이 얼마나 타락할 수 있는지,
사람이 하나님 보시기에 아름답지 못한 인생을 살면서도
얼마나 착각하고 살아갈 수 있는지를 잘 보여준다.

장자의 복을 빼앗고 싶은 야곱

이삭이 죽음을 준비하고 두 아들을 축복하려고 한다. 아버지
의 마음을 담아 축복하는 모습에서 두 아들의 이기적인 태도를
발견한다. 방법은 달라도 둘 다 악하고 이기적이다.

본문을 이해하려면 축복의 개념보다 유산을 생각하면 조금
더 피부로 가깝게 느낄 수 있다. 이삭이 때가 되어 유산을 나누
어주는 시간이다. 그러나 이미 정해져 있다. 장자는 두 배를 받
게 된다. 그것을 야곱은 빼앗고 싶다.

야곱과 에서가 이삭에게 축복을 받을 때 그 내용은 상당히

성경적인 축복처럼 읽힌다. 하나님께서 너와 함께하시고 네가 형통하기를 원한다는 내용의 축복이다.

하지만 정작 그들에게 중요한 것은 누가 얼마나 받느냐였다. 장자의 유산은 두 배라서 두 배로 더 받기 때문에 그로 인해 싸움이 붙었다. 하나님의 축복에 대한 욕심이 아니다.

야곱이 겉으로 보기에는 하나님의 축복을 향해 욕심을 낸 것 같지만 그는 장자가 되지 않기에는 너무 억울했다. 몇 분 늦은 것도 아니고 발목을 잡고 나왔으니 같은 시간에 나온 것이나 다름없었다. 그런데 두 배라니.

그리고 형이라는 에서는 배울 것이 하나 없는 자신만만하고 교만한 사람이라 생각했다. 오히려 자신이 축복을 받아 더 좋은 곳에 쓸 수 있다고 생각했다. 믿음도 자신이 더 잘 계승하리라고 생각했을 수도 있다.

사탄의 유혹은 엄청난 죄를 짓게 하는 데 있지 않다. 비기독교적이고 세상적인 것만 우리를 무너뜨리는 것이 아니다. 상당히 주님을 향하는 것 같아 보이지만 하나님 중심이 아닌 나 중심의 생각들이 신앙을 무너뜨린다. 결과는 과정보다 중요하지 않다. 천국의 계산법은 세상의 성공과 다르다.

야곱은 억울하다. 형 같지도 않은 형이 장자권을 누리는 것을 보고 있을 수만은 없다. 에서의 성격을 누구보다 잘 아는

야곱은 형이 아무것도 아닌 일에 장자권을 내버릴 수도 있다고
생각했다. 평상시 형의 모습은 당당했고 장자권이나 다른 것
을 필요로 하는 모습이 보이지 않았다. 팥죽 하나에도 장자권
을 팔 것이라 생각했다.

야곱은 자신이 뺏은 것이 아니고 산 것이라 주장할 수 있다.
사람은 자신의 행동을 합리화한다. 악한 사람일수록 그렇다.
야곱의 행동은 정당화될 수 없다. 남의 것을 빼앗고 남의 것에
대한 욕심을 갖는 것은 옳지 않다. 그는 하나님의 축복을 갈망
하여 하나님의 축복을 받은 사람이 아니다.

악하고 추한 인생을 은혜의 하나님께서 그저 살려주셨다.
우리를 그리 살려주신 것처럼. 올바른 행동이 아니었던 야곱의
이야기는 야곱이 하나님의 축복을 갈망했느냐에 대한 이야기
가 아니라 하나님의 축복을 받을 수 없는 인간이 하나님의 끊
임없는 긍휼과 사랑으로 사람이 되어가는, 하나님의 사랑에
관한 말씀이다.

하나님의 가치를 저버린 어머니

그 당시의 전통적인 문화는 유산을 받을 때 아버지가 좋아하
는 음식을 만들어서 먹고 아버지가 유산을 나누는 것이었다.

에서가 사냥을 하러 나가자, 그 이야기를 들은 리브가가 야곱을 부른다. 리브가는 야곱 편이다.

"야곱아, 형이 나가서 사냥하는 동안에 너는 가서 새끼염소를 잡아오너라. 내가 맛있는 별미를 만들겠다."

남편이 뭘 좋아하는지 아내인 리브가는 잘 안다. 그것을 만들어줄 테니 네가 들어가서 대신 복을 받으라는 것이다. 리브가가 야곱이 복 받기를 얼마나 원했는지 13절에 그대로 표현된다.

> 어머니가 그에게 이르되 내 아들아 너의 저주는 내게로 돌리리니
> 내 말만 따르고 가서 가져오라 **창 27:13**

불법이다. 잘못 행하는 것이다. 그러나 이 저주와 책임은 내가 질 테니까 너는 내 말대로 하라고 한다. 하나님의 저주? 그것을 우리가 감당할 수 있을까? 하나님을 두려워하지 않는 사람이 하나님을 믿는다고 말할 수 있는가?

우리는 하나님을 믿는다고 하면서도 잘 믿지 않는다. 자신의 이익을 위해서는 하나님이 없다. 자식을 위하여 하나님의 가치를 가르치지 않고 하나님의 저주를 택하는 어머니의 모습 속에 어떤 정당성이 있나? 자식 교육은 세상 방법으로 하면서 하

나님의 보호하심을 바라는 성도가 진정한 성도일까?

매년 수능 날이 되면 수능 시간표에 맞춰서 기도하는 부모들이 있다. 그러나 고3 내내 아이를 예배드리도록 교회에 보내지도 않고 그 아이가 세상적으로 잘되기만을 바라서 드리는 기도가 하늘을 향한 기도가 될 수 있을까?

아내라는 사람이 남편을 존중하고 두 아들을 똑바로 가르칠 생각은 안 하고 어떡하든 내가 좋아하는 아들이 유산 더 받기를 바랐다. 온 가족이 다 상태가 안 좋다. 야곱은 어떡하든 빼앗으려고 했고, 에서는 팔아먹고는 당연하게 여길 수가 없는 것을 너무나 당연하게 여겼다. 그들의 치사함과 악함이 그대로 드러난다.

존중받지 못하는 아버지

이 가족 중에 제일 안타까운 사람은 이삭이다. 아버지를 사랑하는 사람이 한 명도 없다. 아버지의 유산을 사랑하는 사람들만 있지 아버지를 사랑하는 사람은 한 명도 없다. 이삭을 사랑하는 아내도 없고 이삭을 사랑하는 아들도 없다. '어떻게 하면 유산을 먹을 것인가?' 이런 관심만 있지 아버지를 사랑하는 사람이 없다.

하나님을 사랑하는가? 아니면 하나님의 것들을 사랑하는 것인가? 하나님이 나와 함께하시며 내 기도에 응답해주시기를 원하기 때문에 위대한 일들을 행하시는 그 '능력'을 사랑하는 것인가, 아니면 '하나님'을 사랑하는 것인가?

이삭을 사랑하는가, 이삭의 것들을 사랑하는가?
하나님을 사랑하는가, 하나님의 능력만을 사랑하는가?
이것은 다르다.

하나님을 사랑해야 한다. 하나님을 붙잡아야 한다. 하나님의 뜻을 붙잡아야 한다. 하나님의 능력으로 내가 원하는 일들이 이루어지기를 바라는 것이 아니라 하나님을 사랑하는 것이다. 이해할 수 없는 상황 속에서도 하나님을 신뢰하고 순종하는 것이 신앙이다.

하나님께서 내가 이해하지 못하는 일을 행하실 때도, 하나님께서 상상하지 못한 일들로 인도하실 때도, 때로는 그 일을 감당하지 못하는 시간에도 하나님을 붙잡을 수 있는 유일한 방법은 하나님을 사랑하는 것이다.

기도하면 나의 뜻대로 풀리는 것이 아니다. 기도하면 할수록 나를 변화시키시는 하나님을 만난다. 그리고 기도가 깊어

갈수록 그 뜻으로 살기를 고백하게 된다.

야곱이 아버지에게 나아가서 내 아버지여 하고 부르니 이르되 내
가 여기 있노라 내 아들아 네가 누구냐 야곱이 아버지에게 대답
하되 나는 아버지의 맏아들 에서로소이다 … 이삭이 이르되 네가
참 내 아들 에서냐 그가 대답하되 그러하니이다 창 27:18,19,24

야곱이 이삭에게 들어가자 이삭이 여러 번 물어본다.
"너 누구냐? 너, 에서냐? 너 진짜 에서냐?"
이 장면에서 나는 하나님께서 야곱에게 끝까지 기회를 주셨
다고 생각한다. 그때라도 "아버지, 제가 죽을죄를 지었습니다"
했으면 어땠을까? 그러나 야곱은 끝까지 거짓말을 한다. 그
늙은 아비를 향한 애정이나 존경이 전혀 없다.
본문의 이삭은 안타까운 사람이다. 믿음의 가정, 아브라함
의 아들 이삭은 참 상태가 좋았던 사람이다. 아브라함이 이삭
을 모리아산에 데리고 가서 제단을 만들고 이삭을 묶을 때 이
삭이 가만히 있었다. 아브라함은 노인이고 이삭은 팔팔하니
밀치면 그냥 끝나는 건데도 그냥 가만히 있었다.
이삭은 아버지를 믿었다. 아버지의 신앙을 믿었다. 적어도
아버지 아브라함은 하나님께 드리는 제사에 항상 최선을 다한

분이시니 이렇게 하실 때는 이유가 있다고 믿었던 이삭이었다.

그런데 아무리 나이가 많아도 그렇지 "목소리는 야곱인데 만져보니 에서구나" 한다. 목소리는 야곱인데 네가 에서냐고 물을 만큼 이삭은 늙었다. 에서가 야곱의 목소리를 낸 적이 그전에 한 번도 없었을 텐데 말이다.

야곱과 에서는 완전히 다르다. 성향도 목소리도 다르고 모든 것이 다 다르다. 그런데 "목소리는 야곱인데 만져보니 에서구나" 하면서 그냥 축복할 만큼 이삭도 분별력 없는 시기였다.

하나님의 말씀에 귀 기울이지 않는 가족

본문인 창세기 27장에는 '하나님의 말씀'이 없다. 하나님께서 행하신 것들이 지금 여기에는 하나도 등장하지 않는다. 27장에서는 그 누구도 하나님의 음성에 귀 기울이지 않고 하나님께서 어떤 말씀을 하시는지에 관심을 두지 않는다.

여호와께서 그에게 이르시되 두 국민이 네 태중에 있구나 두 민족이 네 복중에서부터 나누이리라 이 족속이 저 족속보다 강하겠고 큰 자는 어린 자를 섬기리라 하셨더라 **창 25:23**

이것은 그 아이들이 태중에 있을 때 들은 말씀이다. 하나님께서 말씀하셨지만 가족 네 명 중에 그 누구도 하나님의 음성에 귀 기울이지 않았다. 그 넷 중에 하나님의 음성을 듣는 자가 없었다.

하나님을 전통적, 문화적으로 따르면서 주일에 교회 오는 것을 신앙생활이라 여기는 사람이 아니라 살아계신 하나님의 말씀을 붙잡고 두려워하는 하나님의 사람이었다면 분명한 하나님의 말씀을 기억했을 것이다. 하나님의 말씀을 기억했다면 이 가족은 이런 행동을 하지 않았을 것이다.

이삭은 야곱과 에서를 두고 이렇게 말했어야 했다.

"우리가 전통적으로는 에서 너에게 두 배, 그리고 야곱에게 한몫을 주고 이렇게 축복해야 하지만 하나님의 분명한 뜻이 있다. 너희들이 태중에 있을 때 하나님께서 이렇게 말씀하셨다. 그러니 오늘 이 축복은 하나님께 맡길 것이다. 하나님께서 너희들을 축복하실 것이다."

리브가도 야곱에게 이렇게 말했어야 했다.

"야곱! 너 욕심 내지 마라. 네 마음대로 형에게 하지 마라. 하나님께서 이미 너에게 정하신 복이 있다."

하나님을 두려워하고 하나님께 반응했다면, 하나님을 사랑하고 순종했다면 이렇게 살지 않았다.

이삭, 자기 생각과 자기 뜻대로 축복하면 안 됐다.

하나님께서 이미 말씀하셨으니까.

리브가, 속이면 안 됐다.

하나님께서 이미 말씀하셨으니까.

에서, 욕심낼 일이 아니었다.

하나님께서 이미 말씀하셨으니까.

야곱, 빼앗을 것이 아니었다.

하나님께서 이미 말씀하셨으니까.

이삭은 아브라함의 아들이다. 믿음의 조상 아브라함의 아들이다. 그렇더라도 하나님의 말씀을 소홀히 여길 때 그는 가정에서도 인정받지 못하는 아버지의 자리에 설 수밖에 없다. 자녀가 언제 부모의 말을 들을까? 부모가 하나님의 음성을 두려워할 때, 삶 속에서 하나님의 말씀에 순종할 때 그들의 말에 힘이 생긴다.

전통이 아니라 날마다 새로운 말씀과 은혜로

그 이해가 되지 않는 상황 속에서도 하나님의 주인 되심을 인정하고 하나님께서 어떻게 행하실 것인지 신뢰하며 하나님을 사랑하기 때문에 그것을 극복해야 했던 이삭의 가족은 누구도 하나님의 말씀에 귀 기울이지 않고 그저 전통적으로 그들이 살아왔던 방법 그대로 행했다.

이삭은 전통대로 했다. 아브라함이 했던 대로 자기가 축복하면 된다고 생각했다. 하나님께서 이미 하신 말씀은 잊었다. 네 식구 모두가 잊었다. 전통적으로 해왔던 대로 살아가는 것, 내가 지금까지 신앙생활 해온 대로 살아가는 것은 매우 위험하다.

옛날 옛적에 크게 한번 은혜받은 것을 계속 뜯어먹고 사는 것은 아주 위험하다. 그럴 거면 오늘 밥은 왜 먹는가? 예전에 많이 먹은 것으로 오늘 살아가지. 오늘 새로운 만나를 먹지 못하고 옛날만 생각하고 살아가는 인생, 왕년에 은혜 못 받아본 사람 어디 있냐며 안주하고 사는 인생은 안 된다.

오늘의 영적 양식은 없으면서 물질 중심으로 기도생활 하는 것은 예수 믿는 것이 아니다. 새로운 은혜를 갈망하자. 그리고 매 순간 주시는 하나님의 사랑을 받아내어 흘러넘치는 은혜를 고백하자. "내 잔이 넘치나이다"라고 고백한 다윗처럼.

내 생각 중심으로 신앙생활 하는 모습이 이삭의 가정에만 있지 않다. 교회 다니는 우리에게서도 너무나 쉽게 볼 수 있는 모습 아닌가! 주일이니까 교회 가고, 아침 되면 기도하고 큐티 좀

하고, 그러면서 '나는 하나님의 말씀대로 살고 있다'라고 착각하고 있지는 않은가?

이 세상 돌아가는 뉴스에는 민첩하게 반응하면서 하나님의 음성에는 어떤 반응을 하며 살아가고 있는가? 하나님께서 하시겠다고 분명하게 말씀하신 약속들이 성경에 있다. 그 말씀에 어떻게 반응하고 살아가는가?

'하나님의 말씀을 들을 때마다 어떻게 반응하며 살아가는가?'는 신앙생활에서 가장 중요한 부분이다. 당신의 인생에 하나님의 음성은 존재하는가? 말씀하시는 하나님은 당신에게 어떤 분이신가?

스스로 늘 점검하라.
하나님 말씀과 얼마나 가깝게 살아가고 있는지,
하나님 말씀에 나는 어떤 반응을 보이고 있는지.

하나님의 말씀에 답하라.
분명한 결단,
구체적인 반응,
묵은 습관 아닌 새로운 반응으로!

주의 말씀을 순종하고, 주의 말씀에 따라서 살아가며 매일 그것을 점검하자. 매일 하나님의 말씀에 얼마나 순종하며 살 았는지를 확인하는 작업이 필요하다.

하나님의 음성에 대한 분명한 결단이 있어야 한다. 하나님의 말씀은 구체적이다. 그 말씀에 대하여 우리에게도 구체적인 반 응이 필요하다. 신앙이 전통적 습관으로 전락하면 죽은 것이 다. 새로운 반응이 있어야 한다.

나 중심의 삶은 듣지 못한다

이삭의 가족이 제사를 드리고 안식일을 지키고 그 누구보다도 열심히 하나님의 말씀을 붙잡은 사람들인데도 하나님의 음성 을 듣지 못했던 가장 궁극적인 이유가 뭘까?

유산이다. 돈이다. 이삭이 너무 불쌍하다. 두 아들이 아버지 돈만 바라보고 있다. 돈 좀 얻으려고 아버지를 속인다. 야곱이 목소리를 에서처럼 냈을 것 아닌가!

"아버지, 저 에서입니다."

"너는 야곱 목소린데?"

"아닙니다. 저 에서입니다."

끝까지 속였다. 얼마나 처절한가? 아버지에게 눈과 귀가 어두워 안 보이고 안 들리는 약함이 찾아왔다. 하나님을 경외하는 아들이라면 약함을 가진 아버지에게 그렇게 할 수 없다. 믿음으로 살아가는 가정에 하나님의 음성이 절대적이라면, 그리고 이삭이 그렇게 살았다면 가족들도 쉽게 그러지 못한다.

내 돈이라 생각하고 마음대로 축복할 수 있다고 생각한 아버지, 어떻게 해서든 내가 저것을 더 많이 받아먹어야겠다고 생각한 아들들, 그리고 그 중간에서 내가 원하는 아들에게 주려고 했던 어머니. 다 똑같다. 그들은 나의 인생과 물질이 내 것이라는 위험하고 교만한 삶을 살고 있었다.

이삭의 두 아들이 아버지를 사랑하지 않고 아버지의 돈을 사랑한 것이나 우리가 하나님을 사랑하지 않고 하나님이 나를 위해 복 주실 것만을 사랑하는 것도 똑같다.

"하나님, 내 기도에 응답해주세요."

어쩌면 우리는 하나님에 '대한' 것들을 사랑하는지도 모른다. 하나님은 내가 하지 못하는 것을 이루어주시니 그걸 사랑하는지도 모른다. 이삭의 아들들이 아버지 이삭을 사랑하지 않고 이삭의 유산을 사랑했던 것처럼 우리도 하나님을 사랑하지 않고 하나님의 능력만을 사랑하는지도 모른다.

똑바로 신앙생활을 하는 중심은 하나님만 사랑하는 것이다. 나의 기도를 들어주시는 아버지와 그분의 능력만을 사랑하는 것이 아니고 하나님이 나에게 해주시는 것을 사랑하는 것도 아니다. 하나님만 사랑하는 것은 어떠한 상황에서도 그분을 나의 주인으로 믿고 순종하는 것이다.

하나님 중심으로 모든 상황에서 하나님의 음성을 들으면서 살아가야 하나님의 사람이다. 땅의 것을 버리자. 하나님을 경외하고 사랑함으로 인생의 승부를 걸어보자. 하나님을 경외하고 사랑함으로 용서받지 못할 사람을 용서하고 세상의 방법으로 살지 않는 한 사람이 필요하다.

하나님을 사랑하면 남 얘기가 사라진다

하나님을 사랑하고 하나님의 음성을 듣게 해달라고 기도하고, 말씀을 순종하게 해달라고 기도하자. 이미 알만큼 많이 안다. "욕심내지 마라. 서로 사랑해라. 서로 섬겨라" 이런 것은 다 아는 것이다. 다만, 아는 것과 사는 것은 다른 이야기다.

조금만 마음에 안 들면 상처받고 힘들어하며 불평하지 않는가? 누군가 다른 사람 때문에 힘들고 시험에 들었다면 전적으로 나에게 문제가 있는 것이다. 이 땅의 것을 조금이라도 얻으면 행복하고 이 땅의 것이 조금 떨어지면 불행하다 느껴진다면 심각하게 신앙을 돌아보아야 한다.

내가 보니까 사람들은 꼭 자기가 하기 싫으면 정죄를 한다. 예를 들어 주일날 예배드리러 나와서 '내가 이 예배의 자리에 없었으면 어쩔 뻔했을까?' 그렇게 은혜받은 사람은 이 자리에 안 나온 사람에 대해서 뭐라 하지 않는다. 그냥 안타까워하고, "우리 예배 너무 좋았는데", "은혜가 넘쳤는데…. 꼭 함께해요" 라고 말한다.

그런데 "어떻게 너는 주일성수를 안 하냐?", "어떻게 주일날이러냐?", "너 주일날 어떻게 안 나와?" 이렇게 말하는 사람은 대체적으로 자기도 안 나오고 싶었는데 나와서 자기가 손해 봤다는 느낌이 있는 사람이다.

술 가지고 뭐라 하는 사람은 대체적으로 자기가 먹고 싶은 사람이다. "너 어떻게 교회 다니면서 술 먹냐?" 하는 사람은 자신도 먹고 싶지만 못 먹는데 다른 사람은 먹으면 환장하는 것이다.

십일조를 힘들어하는 사람들은 남이 십일조 안 내는 것 가지고 뭐라 한다. 자기는 십일조 내면서 남이 십일조 안 내는 것을 가지고 뭐라고 하는 사람은 대체적으로 자기가 십일조 내는 게 아까운 사람이다. 내도 천국 가고 안 내도 천국 가는데, 나는 냈는데 저 사람은 안 내도 천국 갈 것 같아서 억울한 사람이다.

내가 하나님 앞에 받은 것이 너무 감사하고 내 모든 것이 다 하나님의 것이라고 생각하는 사람은 절대 남들 가지고 뭐라 안 한다. 하나님을 사랑하면 '내가 하나님 앞에 어떻게 하면 드릴까?'를 생각하지 '어떡하면 안 할 수 있을까. 어떻게 하면 피할 수 있을까' 이렇게 생각하지 않는다. 하나님을 사랑하면 그런 문제점이 해결된다.

눈에 보이지 않는 하늘의 복

에베소서 1장에 하늘의 "신령한 복"(3절)에 관한 말씀이 나온다. 하늘에 속한 모든 신령한 복은 보이지 않고 들리지 않으며 만져지지 않는다. 그러나 분명히 있다. 눈에 보이는 복을 받으려고 하니까 파탄이 나는 것이다.

야곱은 복을 받기는 받았다. 에서가 사냥을 해서 뒤늦게 들어왔는데 이삭이 "내가 너한테 줄 복이 없다. 내가 다 줘버렸다"라고 했다. 에서는 강한 사람이고 그에게는 강한 부하들도 있었다. 그런 에서가 야곱을 죽여버리겠다 한다.

아직까지 나는 더 많이, 더 열심히 효도하겠다고 싸우는 형제를 본 적이 없다. "나는 우리 어머니 아버지 꼭 모셔야 돼", "아니야, 내가 모셔야 돼" 하면서 싸우는 사람 보았는가? 형제들끼리 난리 나면 거의 다 유산 때문이다.

혹시 유산 때문에 조금이라도 소리가 나면 성도는 "너희들끼리 알아서 해라" 하고는 그 자리에서 일어나라. "그 돈 없어도 된다. 난 이미 하나님 앞에 축복받았다"라고 말하고 그냥 일어나라. 그런 게 예수 믿는 것이다. 예수 믿는 것은 찬양 부르고 눈물 흘리는 것이 다가 아니다.

우리는 이미 놀라운 복을 받았다. 하나님을 알고, 예배드릴 수 있고, 천국을 바라보며 살아가고, 나와 동행하시는 하나님을 믿는 것이 이미 받은 큰 복이다.

하나님을 아는 사람은 감사의 제목이 달라진다. 세상과 같은 감사는 영향력이 없다. 세상과 다른 가치관으로 살아가지 않으면 하나님의 음성을 들을 수 없다.

우리는 어떤 준비를 하며 살아가고 있는가? 예수님이 돌아오신다는 것이 분명한 사실이고 하나님께서 선포하신 그 말씀은 분명히 이루어질 것이라고 믿는다면 어떠한 가치관을 가지고 생활하며 어떤 삶의 변화를 들고 하나님 앞에 서 있어야 하는가?

책임감과 부담을 가지고 신앙생활 하자. 하나님께서 행하시는 놀라운 역사를 체험하면서 믿자. 사람이 노력해서 안 되는 것을 이루시는 하나님만을 간증하는 신앙이 필요하다.

이 마지막 시대에는 어떤 사람이 필요할까? 어떤 고통이 와도, 어떤 아픔이 있어도, 세상이 이해해주지 못해도, 그리고 이 세상에서 내가 마지막 왕따가 되어야 할지라도 "나는 주님을 사랑하겠습니다. 나는 주님 편에 서 있겠습니다. 나는 주님을 사랑합니다" 고백하고 그렇게 살아가는 사람이다.

눈에 보이는 것만 축복이 아니다. 눈에 보이지 않는 신령한 복을 붙잡고 살아가는 진짜 성도가 되자.

저항할 수 없는 은혜

어느 봇사는

창세기 28장 10-22절

야곱이 브엘세바에서 떠나 하란으로 향하여 가더니 한 곳에 이르러는 해가 진지라 거기서 유숙하려고 그곳의 한 돌을 가져다가 베개로 삼고 거기 누워 자더니 꿈에 본즉 사닥다리가 땅 위에 서 있는데 그 꼭대기가 하늘에 닿았고 또 본즉 하나님의 사자들이 그 위에서 오르락내리락 하고 또 본즉 여호와께서 그 위에 서서 이르시되 나는 여호와니 너의 조부 아브라함의 하나님이요 이삭의 하나님이라 네가 누워 있는 땅을 내가 너와 네 자손에게 주리니 네 자손이 땅의 티끌같이 되어 네가 서쪽과 동쪽과 북쪽과 남쪽으로 퍼져 나갈지며 땅의 모든 족속이 너와 네 자손으로 말미암아 복을 받으리라 내가 너와 함께 있어 네가 어디로 가든지 너를 지키며 너를 이끌어 이 땅으로 돌아오게 할지라 내가 네게 허락한 것을 다 이루기까지 너를 떠나지 아니하리라 하신지라 야곱이 잠이 깨어 이르되 여호와께서 과연 여기 계시거늘 내가 알지 못하였도다 이에 두려워하여 이르되 두렵도다 이곳이여 이것은 다름 아닌 하나님의 집이요 이는 하늘의 문이로다 하고 야곱이 아침에 일찍이 일어나 베개로 삼았던 돌을 가져다가 기둥으로 세우고 그 위에 기름을 붓고 그 곳 이름을 벧엘이라 하였더라 이 성의 옛 이름은 루스더라 야곱이 서원하여 이르되 하나님이 나와 함께 계셔서 내가 가는 이 길에서 나를 지키시고 먹을 떡과 입을 옷을 주시어 내가 평안히 아버지 집으로 돌아가게 하시오면 여호와께서 나의 하나님이 되실 것이요 내가 기둥으로 세운 이 돌이 하나님의 집이 될 것이요 하나님께서 내게 주신 모든 것에서 십분의 일을 내가 반드시 하나님께 드리겠나이다 하였더라 은혜는 사람이 저항할 수 있는 것이 아니다.

은혜는 강력하다.

하나님께서 은혜를 주시면 그 은혜를 막을 수 없다.

악한 사탄도 막을 수 없다.

저항할 수 없는 은혜이기에 우리가 살았다.

그러나 사탄은 그 은혜를 잊고 살도록 유혹한다.

잊고 다시 옛 모습으로 살도록.

우연히 이른 한 곳, 벧엘

이삭이 야곱을 불러 이제 떠나라고 한다. 여기 그냥 두었다가는 에서에게 맞아 죽든지 큰일이 날 것 같으니까 라반의 집으로 떠나라고 한다. 야곱은 가고 싶지 않지만 떠난다. 욕심내서 빼앗은 장자권을 사용하지도 못하고 그 유산을 사용하지도 못하고 떠난다. 이제 정처 없는 길을 떠난다. 가야 하는 목적지는 정해져 있지만 가고 싶지 않은 길을 떠난다.

가고 싶지 않은 그 길을 가다가 벧엘이라는 곳에 이르러 돌을 베개로 삼아 잠을 자고 하나님을 만나는 유명한 이야기가 이 장에서 우리가 살펴볼 내용이다. 벧엘이라는 지명은 사실 야곱부터가 아니고 아브라함 때부터 나오는 곳이다.

아브라함이 하란에서 살 때 하나님께서 그를 불러 "너는 너의 본토 친척 아비 집을 다 떠나서 내가 네게 지시할 땅으로 가라"(창 12:1)라고 말씀하셨다. 아브라함은 자신이 어디로 가야 할지 모르는 그 길을 걷다가 알지 못하는 한 곳에서 제사를 지낸다. 그 제사를 지냈던 곳이 벧엘이다(창 12:7,8).

필라델피아 TENTH 장로교회에서 목회를 하신 제임스 몽고메리 보이스(James Montgomery Boice) 목사님은 이 부분에 대해서 이렇게 상상을 하셨다.

자신이 어디로 가야 할지 모르는 길을 떠났던 야곱이 그 옛날 아브라함이 제사를 지냈던 그곳에서 돌베개를 베고 잠을 잤다. 아브라함이 제단을 쌓았다는 것은 돌을 쌓았다는 것이다. 제단을 돌로 쌓았기 때문이다. 그래서 그곳에서 야곱이 베고 잤던 돌베개는 혹시 아브라함이 제사를 드렸던 제단의 돌은 아니었을까? 성경에 나오는 부분은 아니니까 확실하지는 않지만 그런 상상을 하셨다.

'벧엘'의 뜻은 '하나님의 집'이다. 아브라함이 거기서 돌로 제단을 쌓고 제사를 지냈고 이제 우연히도 야곱이 라반의 집에 가다가 그곳에서 잠을 청한다. 벧엘은 하나님께서 아브라함을 만나주셨던 곳이고 야곱을 만나주시는 곳이다.

나쁜 야곱이 꾸는 복된 꿈

> 꿈에 본즉 사닥다리가 땅 위에 서 있는데 그 꼭대기가 하늘에 닿
> 았고 또 본즉 하나님의 사자들이 그 위에서 오르락내리락하고
>
> 창 28:12

돌베개를 베고 잠든 야곱이 꿈을 꿨다. 사닥다리가 등장한
다. 사닥다리가 땅 위에 있는데 꼭대기는 하늘에 닿았다. 하나
님의 사자가 왔다 갔다 했다. 천사가 왔다 갔다 했다는 뜻이
다. 야곱이 꿈을 꾸는데 상당히 신령한 꿈을 꾼다.

　나쁜 놈, 불효자, 치사하고 더러운 야곱이 떠나는 길이다.
회개한 것 하나도 없고 하나님을 찾은 것도 하나 없이 그저 어
쩔 수 없이 도망가다 지쳐서 잠든 곳이다. 아무것도 잘한 게 없
는 야곱이 거기서 꿈을 꾸는데 좋은 꿈을 꾼다.

> 또 본즉 여호와께서 그 위에 서서 이르시되 나는 여호와니 너의
> 조부 아브라함의 하나님이요 이삭의 하나님이라 네가 누워 있는
> 땅을 내가 너와 네 자손에게 주리니 네 자손이 땅의 티끌같이 되
> 어 네가 서쪽과 동쪽과 북쪽과 남쪽으로 퍼져 나갈지며 땅의 모
> 든 족속이 너와 네 자손으로 말미암아 복을 받으리라 내가 너와

함께 있어 네가 어디로 가든지 너를 지키며 너를 이끌어 이 땅으로 돌아오게 할지라 내가 네게 허락한 것을 다 이루기까지 너를 떠나지 아니하리라 하신지라 창 28:13-15

15절은 "네가 어디로 가든지 내가 너를 지키고 너를 이끌어 이 땅으로 돌아오게 할 것이다. 내가 허락한 모든 것이 이루어질 때까지 나는 너와 함께 있을 것이다"라는 약속의 말씀이다. 이런 약속을 받으면 얼마나 좋을까?

그런데 이해가 안 된다. 야곱이 이렇게 축복을 받으면 되나? 야곱은 잘한 게 하나도 없다. 치사하게 사기 치고 도망가는 상황이다. 안 그랬으면 죽을 수도 있었다. 그런 야곱이 지금 도망가다가 피곤해 쓰러져서 잠을 자는데 하나님께서 그를 축복하신다.

잠자는데 꿈꾸는 것은 사람의 능력이 아니다. 꿈꾸고 싶어서 꾼 적이 있나? 그런 꿈에서 하나님의 축복이 구체적으로 임한다. 너무 짜증이 나지 않는가? 야곱이 나쁜 놈인데.

그는 회개하지 않았다. 하나님을 찾지 않았고 하나님 음성을 듣지 않았으며 하나님 앞에서 온전하게 서고 싶은 마음도 없었다. 자기 마음대로 살고 그저 유산에 마음을 빼앗겨서 그 돈 좀 받아먹으려고 했던 야곱이었다. 아버지도 사랑하지 않고 아버지 돈만 사랑했던 야곱이었다.

이쯤에서 혼나야 하는데, 꿈을 꿨더니 하나님께서 나타나 "너 어떻게 나한테 그럴 수 있냐? 너 가만두지 않겠다! 똑바로 살아라" 하시는 게 아니라 그를 축복하신다. 이 말씀을 어떻게 받아들여야 할까?

가고 싶지 않은 길을 떠난 야곱. 후폭풍에 대해 깊이 생각하지 않을 정도로 원했던 유산, 그러나 그것을 한번 써보지도 못하고 쫓기는 두려움에 빠져 도망가는 처절한 인생을 하나님께서 나무라지 않고 안아주신다. "너 왜 그랬냐?", "이게 무슨 짓이냐?" 묻지 않고 그저 안아주시고 살리신다.

저항할 수 없다. 하나님의 은혜다. 그분의 은혜는 저항할 수 있는 것이 아니다. 강력하다. 하나님께서 그 은혜로 우리를 안으신다.

저항할 수 없는 하나님의 은혜

우리가 얼마나 교만하냐면 야곱이 사기 치고 거짓말하고 나쁜 짓을 할 때 그의 모습 속에서 나의 모습이 잘 보이지 않는다. 야곱이 하나님의 저항할 수 없는 은혜로 살아난 것처럼 나도 은혜로 살아났다는 그 경험이 우리에게 모자라다.

야곱만 나쁜 인생을 살았고 하나님을 찾지 않은 것인가? 야곱만 자신의 욕심대로 살았는가? 아니다. 우리 다 그랬다. 속이고 나쁜 짓 하는 야곱의 모습 속에 거짓말하고 돈 욕심을 좇고 세상에 마음을 빼앗기고 살았던 내 모습이 있다.

예수님이 그런 우리를 있는 모습 그대로, 저항할 수 없는 은혜로 안아주고 축복해주셨다. 야곱이 준비되어 있지 않고 하나님 앞에 올바로 서려고 노력했던 것도 아니고 아무것도 한 게 없는데도, 도망가는 길목에서 돌을 베고 자는 그에게 하나님께서 저항할 수 없는 은혜를 거저 주셨듯이….

우리가 하나님을 찾지 않고 주 앞에 온전하게 서지 않을 때도 하나님은 우리를 찾아오시고 있는 그대로 안아주시고 저항할 수 없는 은혜로 살려주셨다. 그래서 우리가 변하고 이 자리에 있는 것이다.

우리의 믿음 생활은 전적으로 하나님의 은혜다. 믿음 생활을 할 수 있는 유일한 이유는 하나님께서 그냥 안아주셨기 때문이다. 십자가 외에 자랑할 것이 있는가? 우리가 무엇을 해서 이 자리에 있는 것이 아니다.

하나님은 저항할 수 없는 은혜를 주신다. 하나님께서 얼마나 우리가 주님께 돌아오기를 원하시는가? 주께 돌아오는 길은 나의 능력이나 어떤 거룩한 선택이 아니라 저항할 수 없는 은혜의 길이다.

야곱을 살리신 하나님께서 우리도 살리신다.
야곱을 붙잡아주신 하나님께서 우리도 붙잡아주신다.

야곱을 살리신 하나님께서 오늘도 살리신다는 분명한 믿음이 있다면 못된 야곱을 축복하시는 창세기 28장의 본문 말씀을 온전하게 볼 수 있다.

내가 주의 영을 떠나 어디로 가며 주의 앞에서 어디로 피하리이까 내가 하늘에 올라갈지라도 거기 계시며 스올에 내 자리를 펼지라도 거기 계시니이다 내가 새벽 날개를 치며 바다 끝에 가서 거주할지라도 거기서도 주의 손이 나를 인도하시며 주의 오른손이 나를 붙드시리이다 시 139:7-10

내가 새벽 날개를 치며 바다 끝에 가서 거주할지라도 거기서도 주의 손이 나를 인도하시며 주의 오른손이 우리 모두를 붙잡아주실 줄로 믿는다.

야곱과 우리에게 주신 하나님의 약속

하나님께서 야곱에게만 축복하고 약속을 주셨을까? 창세기에 있는 이 약속이 야곱에게 주셨던 거라면 우리에게는 어떤 약속을 하셨는지 한번 찾아보자.

내가 너희에게 분부한 모든 것을 가르쳐 지키게 하라 볼지어다 내가 세상 끝날까지 너희와 항상 함께 있으리라 하시니라 마 28:20

마태복음 28장의 이 말씀은 주께서 승천하시면서 우리에게 주신 약속이다. 세상 끝날까지 함께하신다고 약속하셨다. 함께하신다는 약속을 야곱에게만이 아니라 우리에게도 주셨다.

요한복음 1장 43-51절 말씀은 빌립과 나다나엘이 예수님의 제자가 되는 부분이다. 빌립이 먼저 예수님을 알았다. 예수께서 빌립에게 "나를 따르라" 하시니 빌립이 나다나엘을 찾아 예수님을 소개한다.

빌립이 나다나엘을 찾아 이르되 모세가 율법에 기록하였고 여러 선지자가 기록한 그이를 우리가 만났으니 요셉의 아들 나사렛 예수나라 나다나엘이 이르되 나사렛에서 무슨 선한 것이 날 수 있느냐 빌립이 이르되 와서 보라 하니라 예수께서 나다나엘이 자기에게 오는 것을 보시고 그를 가리켜 이르시되 보라 이는 참으로 이스라엘 사람이라 그 속에 간사한 것이 없도다 나다나엘이 이르되 어떻게 나를 아시나이까 예수께서 대답하여 이르시되 빌립이 너를 부르기 전에 네가 무화과나무 아래에 있을 때에 보았노라 나다나엘이 대답하되 랍비여 당신은 하나님의 아들이시요 당신은 이스라엘의 임금이로소이다 요 1:45-49

나다나엘이 오더니 한 번에 믿는다. 예수님이 칭찬하신다.
"내가 너를 무화과나무 아래에서 보았다는 그 한마디로 너는 믿느냐?"
"네, 제가 믿습니다. 당신은 나의 왕이십니다."
예수께서 그 고백을 들으시고 믿음이 참 좋다 칭찬하시고 이보다 더 큰 일을 볼 것이라 말씀하신다.

또 이르시되 진실로 진실로 너희에게 이르노니 하늘이 열리고 하나님의 사자들이 인자 위에 오르락내리락하는 것을 보리라 하시니라 요 1:51

하늘이 열리고 하나님의 사자들이 인자 위에 오르락내리락하는 것을 볼 것이라고 하신다. 야곱만 보는 것이 아니다. 우리도 본다. 야곱에게서 끝나는 약속이 아니다. 나쁜 야곱만 축복받은 것이 아니라 나쁘기는 매한가지인 우리도 동일한 축복을 거저 받았다. 주께서 저항할 수 없는 은혜로 우리에게 임재하셨다.

야곱이 본 사닥다리는 원어로 보면 사닥다리의 의미도 있고 또 계단(stairs)의 의미도 있다. 성경은 천국과 이 땅이 사닥다리나 계단과 같은 형태로 이어짐을 말씀하며 이것은 구약과 신약에서 나온다. 그 이어짐은 예수 그리스도의 십자가를 통해서다. 성경은 주님이 사닥다리라고 말씀한다. 주님이 우리에게 "내가 너희의 다리가 되어줄게!"라고 말씀하신다.

그 사닥다리는 천국을 향해 있다. 천국을 향해서 간다는 의미는 한 걸음 한 걸음 그 계단을 올라가는 것이다. 계단 올라가기는 처음만 쉽지 조금만 가면 쉽지 않다.

사도 바울은 이에 덧붙여 전신갑주를 입으라고 촉구한다. 영적 전쟁이다. 천국까지 구원의 투구를 쓰고 성령의 검을 들고 믿음의 방패를 가지고 올라간다. 전신갑주는 앞만 가려진다. 천국을 향해서 나아가다 "아이고, 못 하겠다. 이거 아니네, 세상이 훨씬 낫네" 하고 내려놓고 돌아서면 내 뒤를 보호해줄 장비는 없다.

천국을 향해 사닥다리를 오르는 사람은
이 땅에 가치를 두고
땅의 것에 마음을 빼앗기며 살지 않는다.
땅의 것에 마음을 빼앗기면
하나님도 안 보이고 눈앞의 내 아버지도 안 보이고
돈만 보인다.

하나님께서 악하고 치사한 우리 인생을 찾아와 축복하시고,
끝나는 시간까지 너와 함께하며 천국에 이르는 계단을 올라갈
수 있도록 함께 도와주겠다고 약속하셨다. 창세기에서 야곱에
게만 약속을 주신 것이 아니라 신약에서 우리에게도 동일하게
말씀하셨다.

하나님을 만나는 곳, 벧엘

야곱이 아침에 일찍이 일어나 베개로 삼았던 돌을 가져다가 기
둥으로 세우고 그 위에 기름을 붓고 그곳 이름을 벧엘이라 하였
더라 창 28:18,19

야곱은 아버지의 축복을 받고서 장자권이 드디어 자기 것이 됐다고 생각했고 이제 누릴 수 있을 줄 알았다. 누리고 싶고 폼 잡고 싶었던 야곱! 그러나 그는 가고 싶지 않은 길을 떠나야 했고, 그 여정 중에 벧엘에서 하나님을 만나 제단을 쌓았다.

하나님께서 아브라함에게도 갑자기 "떠나라, 바로 다 버리고 떠나면 내가 너를 책임 진다" 하셨다. 어디로 가는지 모르고 떠나는 길이 얼마나 힘든가? 하지만 떠나야 벧엘에서 하나님을 만난다. 가고 싶지 않은 길을 떠났던 야곱과 어디로 가야 할지 몰랐던 아브라함, 그 둘을 하나님은 벧엘에서 만나주셨다.

인생에는 내가 알지 못하는 길을 떠나야 할 때가 있다. 가고 싶지 않은 길을 걸어갈 때가 있다. 고통받고 싶지 않은데 고통받을 때가 있다. 때로는 피눈물 나는 일도 당한다. 인생이 다 그렇다.

우리가 인생을 다 아는 것 같고, 지금까지 살아온 대로 살아가면 될 것 같지만 어떤 일이 벌어질지 아무도 모른다. 그러나 인생 속 어두움의 시간과 장소가 벧엘이 된다. 그 시간에 하나님을 만나고 그곳이 벧엘이 된다.

최고의 가치는 하나님을 만나는 것이다. 내가 가고 싶지 않은 길을 걷는다고, 원치 않는 길을 걷는다고, 아픔의 시간을 걷는다고 그것이 나에게 최악의 문제인 것이 아니다. 그 시간은 오히려 최고의 가치인 하나님을 만나는 시간, 하나님을 만나고 구체적인 고백과 구체적인 변화로 이어지는 최고의 시간이 될 수 있다.

벧엘의 하나님, 나의 하나님

하나님이 나와 함께 계셔서 내가 가는 이 길에서 나를 지키시고 먹을 떡과 입을 옷을 주시어 내가 평안히 아버지 집으로 돌아가게 하시오면 여호와께서 나의 하나님이 되실 것이요 내가 기둥으로 세운 이 돌이 하나님의 집이 될 것이요 하나님께서 내게 주신 모든 것에서 십분의 일을 내가 반드시 하나님께 드리겠나이다

창 28:20-22

If God will be with me and will watch over me on this journey I am taking and will give me food to eat and clothes to wear so that I return safely to my father's house, then the LORD will be my God and this stone that I have set up as a pillar will be God's house, and of all that you give me I will give you a tenth. Gen 28:20-22, NIV

제단을 쌓고 야곱이 하나님께 서원한다. 여기에 많이 등장하는 단어는 영어로 읽으면 더 확실하게 드러나는데 바로 "I"(나)다.

야곱의 아버지 이삭은 믿음의 조상 아브라함의 아들이다. 이삭은 예배의 가정에서 자라며, 아버지가 자신을 제단에 묶을 때도 반항하지 않았을 정도로, 하나님 앞에 드리는 제사는 아버지에게 절대적인 시간이라는 것을 보고 배운 사람이다.

그런 이삭의 아들 야곱은 이삭의 하나님을 알았다. 아브라함의 하나님에 대해서도 많이 들었다. 그러나 나의 하나님이 없었다. 나의 하나님이 없었기에 세상의 것에 마음을 빼앗기고 세상의 것을 좇고 아버지의 돈을 위해 아버지를 버렸다.

그 야곱이 벧엘에서 하나님을 만나면서 그에게는 분명하게 '내 아버지의 하나님'에서 '나의 하나님'으로의 전환이 일어난다. "우리 할아버지가 아브라함이야" 했던 야곱이 벧엘에서 하나님을 만나고 뒤집어진다. 물론 그 고백 이후에도 계속해서 잘못도 저지르지만, 이 벧엘은 야곱에게 중요한 시간이었다.

당신의 하나님은 누구이신가? 내 가족이나 지인의 하나님 말고 당신의 하나님은 누구이신가? 지금까지 믿어왔고 잘 섬겨온 하나님 말고 오늘 당신의 마음에 존재하는 하나님은 누구이신가? 그 하나님은 어떠한 분이신가?

당신의 마음에 하나님이 존재하시는 것은 분명한가? 언제까지 믿는 척하면서 살 수 있겠는가? 언제까지 종교 생활을 하겠는가? 살아계신 하나님 앞에 언제까지 우리의 원함이 '세상'이 될 수 있겠는가? 예수의 이름으로 기도하고 예수의 이름으로 구하지만, 나의 모든 존재 의미가 이 세상이라면 그것이 어떻게 신앙일 수 있겠는가?

하나님은 우리에게도 벧엘을 허락하셨다. 벧엘은 교회다. 교회에는 하나님을 만나고 삶이 변화되는 역사가 반드시 있어야 한다. 그래야 교회다. 그것이 없이 비본질에 빠져서는 안 된다. 교회에 하나님 말씀의 선포됨이 없고 하나님을 향한 돌이킴이 없으면 종교기관이 된다.

나의 신앙도 그렇게 되지 않도록 점검해야 한다. 저항할 수 없는 은혜로 말미암아 나의 하나님을 붙잡는 역사가 있어야 한다. 삶 속에 반드시 구체적인 변화가 일어나야 한다. 하나님 말씀은 그대로 듣고, 십자가 중심의 가치를 품고 살아가자. 당신은 벧엘에서 당신의 하나님을 만났는가?

chapter

기다림

창세기 29장 16-20절

라반에게 두 딸이 있으니 언니의 이름은 레아요 아우의 이름은 라헬이라 레아는
시력이 약하고 라헬은 곱고 아리따우니 야곱이 라헬을 더 사랑하므로 대답하되 내
가 외삼촌의 작은 딸 라헬을 위하여 외삼촌에게 칠 년을 섬기리이다 라반이 이르
되 그를 네게 주는 것이 타인에게 주는 것보다 나으니 나와 함께 있으라 야곱이 라
헬을 위하여 칠 년 동안 라반을 섬겼으나 그를 사랑하는 까닭에 칠 년을 며칠같이
여겼더라

벧엘에서 야곱이 나의 하나님을 만났다.

하나님을 나의 하나님이라고 고백하며 결단했다.

그러나 그 고백 후 곧바로 거룩한 인생을 살아가지는 못한다.

나의 하나님이라고 결단했어도 그가 순식간에 변하지는 않는다.

그런 야곱의 인생에 천천히 계속해서 하나님께서 역사하신다.

하나님은 우리를 기다려주신다.

하나님께서 우리를 기다려주신다.

속이는 자를 속이는 사람

야곱이 라반의 집으로 가는 여정이 가벼운 발걸음은 아니었다. 갈등의 시간이었다. 내가 어떻게 살아야 할까, 나는 무엇을 위해 살아야 할까 고민하는 야곱에게 살아갈 이유가 생긴다. 외삼촌의 집에서 라헬이라는 예쁜 여인에게 첫눈에 반한 것이다.

라헬에게 레아라는 언니가 있었다. 레아는 눈이 안 좋았다. 눈이 아예 안 보이는 사람은 아니고 눈이 약한 사람이다. 눈이 안 좋았다는 말만 있지 못생겼다는 이야기는 없는데 야곱이 좋아하지 않았다. 라헬은 매력적이고 레아는 그런 면이 떨어진다.

야곱이 라반의 집에 와서 20년을 산다. 한두 해가 아니고 20년을 살며 젊은 시기를 다 보낸다. 그 시작은 야곱이 라헬을 위해서 일하며 7년을 머슴으로 사는 것부터다. 7년을 머슴살이 해서 여자를 얻는 것이다. 로맨틱한 이야기다.

야곱은 자기가 원하는 것은 꼭 쟁취하는 사람이다. 그래서 어떤 주석가는 "야곱이 라헬을 사랑한 것도 있겠지만 야곱이 라헬을 갖고 싶었던 욕구가 컸다. 그래서 자기가 갖고 싶은 것을 위하여 야곱이 그 모든 것을 드렸다"라고 말하기도 한다.

야곱이 그렇게 7년을 보내는데 야곱을 속이는 사람이 등장한다. '속이는 자를 속이는 사람'이라니 보통 사람이 아니다. 야곱이 당한다. 죄를 지으면 반드시 그 죗값을 치른다. 성경은 분명하다. 죗값은 죽음이다.

야곱이 사랑했던 라헬을 얻기 위해 7년을 노력했는데 신방 (新房)에 레아가 들어왔다. 라반에게 가서 "어떻게 나를 이렇게 속였습니까?" 하고 따졌는데 라반이 아주 태연하다.

"우리 동네는 아우가 언니보다 먼저 시집가는 동네가 아니야."

악한 사람은 아주 쉽게 자기중심적으로 이야기한다. "내가 뭘 잘못했니? 우리 동네에서는 그렇게 안 해!" 하고는 "나를 위하여 7년을 더 일해라" 한다.

악한 사람은 악한 방면으로 얼마나 머리가 좋은지, 자기를 위해 7년을 더 일하라고 말하되 그 이야기만 하면 미쳐버릴 수 있으니 또 다른 제안을 한다. 7일 후에 라헬을 줄 테니 너는 7년 동안 더 섬기라고. 악한 자들은 악한 쪽으로 발달해서 악하게 야곱을 잡고 흔든다.

세상 친구들이 다 버려도 하나님이 아시고 세상에서 실패해도 하나님이 내 손 잡아주시는 것이 진정한 축복이다. 하나님과 함께하는 삶을 살자. 어떠한 상황에서도 이렇게 악을 행하며 자신의 부를 위해 사는 지독한 삶이 되지 않도록 하자.

무슨 수를 써서라도 성공하는 것은 하나님 중심의 삶이 아니다. 남의 눈에 피눈물 흘리게 하며 살아가지 말라. 예수 믿는 사람은 그렇게 살지 않는다. 예수 믿는 사람은 손해도 보고 좁은 길로 가야 한다. 악을 악으로 갚지 말자.

야곱이 7년을 또 섬긴다. 7일 후 라헬을 얻고 나서 야곱도 반격할 수 있지만 반격하지 않는다. 지금까지 해온 모습을 보면 아버지도 속이고 형도 속이는 인간인데 외삼촌에게 반격하지 않는다.

벧엘의 시간이 있었다. 나의 하나님이라고 고백하는 시간이 있었다. 야곱의 삶 속에 작지만 변화가 시작되고 있다. 욕심의 세상을 붙잡았던 야곱의 안타까운 인생에서 하나님의 마음에 합한 삶을 향한 믿음의 작은 걸음이 시작되고 있다. 삶 속에 작은 변화가 시작되는 것이 신앙생활이다.

우리 지방에서는 그렇게 하지 않아

야곱이 아침에 보니 레아라 라반에게 이르되 외삼촌이 어찌하여
내게 이같이 행하셨나이까 내가 라헬을 위하여 외삼촌을 섬기지
아니하였나이까 외삼촌이 나를 속이심은 어찌됨이니까 라반이
이르되 언니보다 아우를 먼저 주는 것은 우리 지방에서 하지 아
니하는 바이라 **창 29:25,26**

"언니보다 아우를 먼저 주는 것은 우리 지방에서 하지 아니
하는 바"라는 이 대답에는 많은 허점이 있다. 그 지방에서 안
하는 일이라고 했지 하나님을 믿는 라반의 가정에서 안 하는
일이라고 말하지는 않았다.

신앙생활 하면서 보이는 허점의 하나가 "세상이 이렇게 안
한다, 요즘 교회들이 다 이렇다, 요즘은 예수 믿는 사람도 이렇
게 산다"라며 타협하는 것이다. "누가 굳이 그렇게까지 하냐,
굳이 그렇게까지 믿냐, 누가 요즘 그렇게까지 하냐" 하면서 세
상과 교회의 전통만을 따르고 겉치레로 기독교 생활을 하고 신
앙적인 결단은 하지 않는 경우가 많다.

마지막 시대에 우리 삶의 기준은 세상이 아니고 세상 사람이
아니며 교회 안에까지 침투한 세속화된 문화도 아니다. 우리

삶의 기준은 오직 예수 그리스도시다.

라반은 "이 지방이 그렇지만 우리 집안에서는 그러지 않아"라고 대답하지 못하고 나도 어쩔 수 없었다고 핑계를 댄다. 어쩔 수 없는 것 아니다. 꼭 그렇게 살아야 하는 것 아니다. 핑계 대지 말라. 다 그렇게 살지는 않는다. 지금도 순교하고 목숨 걸고 몸을 던져 예수 믿는 사람이 있다.

그러나 우리도 "누가 지금 그렇게까지 예수를 믿나", "누가 그렇게 헌신하나", "누가 그렇게 하나님 말씀을 그대로 따르나", "이 세상에서 지금 이 정도 하면 됐지"라며 타협하는 것들이 너무나 많다.

신앙의 타협은 죽음이다.
타협은 영을 죽게 하고 지속된다.
신앙의 가장 큰 적은
이 신앙을 떠나는 것이 아니라
신앙의 타협을 하는 것이다.

자신과 타협하고 세상과 타협한다. 하나님의 말씀대로 살려는 갈망을 따라 애쓰고 싸우는 것이 아니라 편한 대로 타협하면서 산다. 신앙의 타협을 한 후 오히려 마음이 편안해진다.

그 타협이 신앙을 서서히 죽음으로 이르게 한다.

배교보다 무서운 것이 타협이다. 아예 신앙을 떠나고 십자가를 버리는 것보다 더 신앙을 죽이는 것이 타협이다. 이 세상의 기준을 따르지 말고 타협하지 말라. 이 세상의 것을 선택하지 말라. 그리고 어려운 길, 하나님의 길, 좁은 길을 선택하고 그 길을 걸어가자.

유다의 엄마 vs 사랑받는 아내

7일 후, 야곱이 드디어 사랑하는 라헬과 결혼했으니 얼마나 좋았겠는가. 레아는 야곱에게 별로 사랑받지 못했다. 그러나 하나님께서 레아에게 생명을 주셔서 레아가 4명의 아들을 낳았다. 그런데 레아의 넷째 아들이 상당히 중요한 인물이다.

> 그가 또 임신하여 아들을 낳고 이르되 내가 이제는 여호와를 찬송하리로다 하고 이로 말미암아 그가 그의 이름을 유다라 하였고 그의 출산이 멈추었더라 창 29:35

레아의 넷째 아들 유다는 왜 중요한가? 예수님의 라인이다. 예수님이 유다 지파로 나셨으니 유다는 예수님의 조상이 된다.

그래도 레아가 되고 싶은 사람이 있을까? 여자의 입장에서는 다 라헬이고 싶지 않은가? 라헬처럼 사랑받고 살게 해달라고 기도하고 싶지 않을까?

'이 땅에 살면서 예수님 라인에 조상이 된다는 것보다 더 영광스러운 게 있나, 이 레아가 너무 부럽다'라고 읽혀야 하는데 그렇게 읽히지 않는다. "나는 그래도 유다의 엄마가 되고 싶다"라는 사람 찾기는 쉽지 않다. 예수님의 라인이라고 해도 레아가 되고 싶은 생각은 없을 정도로 우리 마음속에 세상의 가치가 강하다.

"예수님이 나의 모든 것이다, 예수님을 붙잡는다" 말하지만 내 안에서 예수의 가치가 실상은 어느 정도인지, 땅에 떨어져 있지는 않은지 정직하게 돌아봐야 한다.

예수가 최고의 가치인데 레아가 매력적이지 않고, 예수가 최고의 가치인데 레아의 축복이 그리 크게 생각되지 않는다면 우리는 정말 예수 믿는 사람들인가? 주 예수 그리스도보다 귀한 것이 없는 사람들인가? 얼마나 우리 속에 세상이 들어와 있는지 다시 한번 돌아보고 깨닫고 정신 차리는 시간이 필요하다.

야곱을 보며 "저 놈 나쁜 놈"이라고 쉽게 말하지만 야곱의 모습과 우리 모습이 얼마나 다를까? 벧엘에서 나의 하나님이라고 고백했던 야곱이 조금씩 변화되고 있다면 우리 삶 속에서

도 하나님을 만나고 붙잡는 역사가 이루어지고 있는지 확인해
야 한다.

놀라운 일은 이런 나를 주님께서 지금 이 시간에도 기다려주
고 계시는 것이다. 야곱을 계속 놓지 않고 포기하지 않으며 훈
련하시는 주님은 우리도 기다리신다.

인생에서 정리해야 할 세 가지

동생 라헬은 남편 야곱에게 사랑받는데 레아는 사랑받지 못했
다. 그런데 하나님께서 동생에게는 생명을 주지 않으시고, 레
아에게는 그 외로움과 아픔을 아시고 생명을 주시더니 넷째 아
들은 예수 그리스도의 조상이 된다.

언니 레아가 아들 넷을 낳는 동안 라헬은 계속 자녀를 못 낳
아서 자기의 여종 빌하를 통해 아들 둘을 낳았다(창 30:1-8).
그래도 아마 속이 상했을 것이다.

다 가진 사람은 없다. 그래서 부러워할 필요가 없다. '아, 내
가 저 사람처럼 뭐가 있었으면', '저 가족은 참 화목해 보이네',
'저 사람은 저렇게 돈도 잘 버네' 하고 누군가를 부러워할 수 있
지만, 막상 그 사람과 마주 앉아서 가슴을 열고 이야기해보면
사는 것이 다들 쉽지 않다.

남자들끼리 모여서 얘기하다가 "너는 참 좋겠다. 좋은 와이프 두어서" 그러면 다 "네가 한번 살아봐"라고 한다. 여자들도 마찬가지다. 그 남편은 너무 좋다, 참 자상하다고 하면 "네가 데려가서 한번 살아봐"라고 한다. 자신의 삶에서는 다들 부족함을 느끼는 것이다.

우리의 부족함은 천국에서 끝난다. 천국에 가야 부족함에서 완전히 자유로워지지 이 땅에서는 부족함이 있을 수밖에 없다. 죄가 들어선 이후 세상은 불완전한 곳이다. 그러므로 더욱 주를 붙잡고 그를 기뻐하고 즐거워하지 않으면 진정한 행복은 어렵다.

부족함

두려움

부러움

이 세 가지는 마음에서 일어나는 일들의 기본이다. 부족하다고 느끼면 욕심이 생긴다. 두려워하면 그 두려움의 대상 때문에 눌리고 하나님을 붙잡지 못할 수 있다. 누군가가 부러우면 그것에 마음을 빼앗기고 질투가 시작되어 미움으로 발전할 수 있다. 그래서 우리는 하나님 앞에 집중하는 삶을 살아야 한다.

하나님께 집중하고 세상에 마음을 두지 않도록 연습하고 또 연습하자.

하나님께 가장 큰 영광을 돌리는 방법은 하나님께 만족하는 것이다. 오늘을 만족하는 것이다. 존 파이퍼(John Piper) 목사님은 항상 "우리가 가장 만족할 때 하나님께서 가장 큰 영광을 받으신다"(God is most glorified in us when we are most satisfied in Him)라고 말씀한다.

자녀가 아버지에게 만족하고 그를 신뢰할 때 가정이 행복하다. 하나님 한 분만으로 만족하자. 입술의 찬양만 그리 부르지 말고 삶으로 노래하자. 그분 한 분만으로 만족한다고.

야곱의 품삯

야곱이 결혼 생활을 시작하고 라반의 집에서 일한 세월 동안 라반은 큰 부자가 됐다. 야곱이 열심히 일했고 분명하게 하나님의 축복이 그와 함께하셨으며 그가 가는 곳에 부가 쌓이기 시작한다. 야곱이 그것을 보고 얼마나 자신 있게 이야기하는지 모른다.

내가 오기 전에는 외삼촌의 소유가 적더니 번성하여 떼를 이루었으니 내 발이 이르는 곳마다 여호와께서 외삼촌에게 복을 주셨나이다 그러나 나는 언제나 내 집을 세우리이까 **창 30:30**

야곱이 "이제 당신이 번성하게 됐는데 나는 언제 내 집을 사겠습니까? 나도 이제 아내도 있고 애들도 있는데 언제 내 집을 세우겠습니까?" 하니 이제 임금을 정하기로 한다.

오늘 내가 외삼촌의 양 떼에 두루 다니며 그 양 중에 아롱진 것과 점 있는 것과 검은 것을 가려내며 또 염소 중에 점 있는 것과 아롱진 것을 가려내리니 이같은 것이 내 품삯이 되리이다 **창 30:32**

양이나 염소가 나오면 한 색깔일 경우가 많지 얼룩일 경우가 드문데 야곱이 얼룩진 것만 내 것으로 삼겠다고 하자 라반은 너무 좋아하며 "그래, 좋다. 그렇게 하자" 한다.

야곱이 버드나무와 살구나무와 신풍나무의 푸른 가지를 가져다가 그것들의 껍질을 벗겨 흰 무늬를 내고 그 껍질 벗긴 가지를 양 떼가 와서 먹는 개천의 물 구유에 세워 양 떼를 향하게 하매 그 떼가 물을 먹으러 올 때에 새끼를 배니 가지 앞에서 새끼를 배므 얼룩무늬를 낸 가지를 물 구유에 놓아 양들이 와서 그것을 보며 물을 먹으면 얼룩진 새끼가 나온다. 이게 가능한 일인가? 나도 어려서 이 부분을 "야곱이 사기를 친다, 야곱이 또 술수를 행한다"라고 교회에서 배운 적이 있지만 이건 가능한 사기가 아니다.

몇몇 주석에서도 야곱이 사기를 쳤다거나 그때 유행했던 어떤 특별한 전통적 방법을 썼다고 하는데 나는 동의가 안 되고 고민이 많았다. 그러다가 종교 개혁을 했던 존 칼빈(John Calvin)의 글을 찾게 됐다.

칼빈은 야곱의 인생이 벧엘의 시간 이후에 조금씩 변화되어 하나님의 사람으로 예배의 자리에 서며 조금씩 하나님을 붙잡기 시작했다는 것에 주목한다. 칼빈은 하나님께서 야곱과의 사이에 그의 믿음의 모습으로 가지를 세워다가 놓고 그것을 보고 물을 먹게 하는 약속이 있었다고 말한다.

야곱이 하나님의 약속을 기억하고 "하나님, 얼룩진 양은 잘 안 나오잖아요. 그러나 하나님은 저를 축복하시는 하나님이심을 믿습니다. 제가 그것을 선택할게요" 할 때 하나님께서 야곱에게 "그러면 네 믿음의 모습으로 이렇게 가지를 세워서 양 떼가 그것을 보고 물을 먹게 해라" 이러한 약속이 있었으리라는 것이다. 제임스 몽고메리 보이스도 이러한 칼빈의 주장에 동의한다.

야곱의 작은 변화를 기다려주시는 하나님

야곱은 제 것이 아닌 것에 욕심냈던 사람이다. 아버지보다 돈을 사랑해서 아버지도 속인 사람이다. 형제도 필요 없고 돈만 있으면 된다고 생각했던 사람이다. 그런데 벧엘에서 나의 하나님을 고백한 후 그가 조금씩 변화되기 시작했다.

'내가 아무리 얼룩진 것을 붙잡는다고 할지라도, 내가 아무리 이 세상의 전통과 관념, 통계와 경험을 뛰어넘는 선택을 할지라도 하나님은 나와 함께하실 것이다. 하나님은 나를 축복하실 것이다.'

하나님께서 자신을 축복하겠다고 하신 약속을 믿고, 쉬운 길을 택하지 않기로 마음먹었다. 그리고 그저 "하나님 알아서 해주세요"라고만 하지 않고 하나님의 약속을 믿으며 가지를 놓고 양 떼에게 물을 먹인다.

그렇게 행동하는 것은 순종이다. 그 행동은 일반적인 것이 아니고 어떻게 보면 너무 바보스러워 보이지만 야곱은 하나님께 순종했다. 야곱에게 작은 믿음의 실행들이 일어나고 있는 것이다.

물론 야곱의 인생이 완벽해지지 않고 하나님 앞에 온전해지지도 않는다. 그러나 나의 하나님에 대한 고백이 삶의 변화를 구체적으로 일어나게 하고 있다는 것은 분명해 보인다.

야곱이 얼마나 속을 썩이고 하나님 정면에서 죄를 지었는가? "네가 에서냐?"라는 물음에 "예"라고 거짓말하며 아버지를 속이고 하나님을 속였던 그 인생. 그러나 벧엘의 하나님께서 임재하셔서 야곱에게 구체적인 변화가 조금씩 일어나고 있다. 우리도 눈에 띄는 변화가 아닐지라도 조금씩 변화되는 삶이 되면 좋겠다.

중국 동부 지방에 '모소'라는 대나무가 있다. 모소 대나무는 매일 가꾸어도 심은 지 4년이 되도록 땅 위로 죽순조차 올라오지 않고 어떤 성장도 일어나지 않는다. 그렇게 '다 죽었구나' 싶을 때도 지속적으로 잘 보살피면 5년이 됐을 때 헤아릴 수 없이 많은 죽순이 마술처럼 일어나기 시작한다. 한꺼번에 하루에 한 자가 넘게 자라서 6주 만에 15미터가 자라고 울창한 대나무 숲을 이룬다.

신앙이 있는 것 같지만 여전히 세상을 향하는 우리의 모습이 마치 땅에 떨어져 아직 아무 반응을 보이지 않는 모소의 씨앗과 같을 때가 있다. 그런 우리를 하나님은 기다려주시고 계속 살피신다. 절대로 우리를 포기하지 않으신다. 때가 되면 우리도 자라날 것이다. 때가 되면 우리 인생에도 열매가 맺힐 것이다. 그 모든 은혜가 기다려주시는 하나님에게서부터 나온다.

무엇을 위해 살아야 할까? 무엇을 고백해야 할까? 하나님은 그분의 부르심에 값싼 입술의 고백보다 조그마한 구체적인 변화를 통해 작은 선택이라도 주를 향하여 온전하게 나아가는 모습으로 답하기를 원하신다.

하나님께서 기다려주고 계시다는 것을 믿고 예수 믿는 사람만 선택할 수 있는 좁은 길을 선택하자. 기다려주시는 하나님을 더 기다리시게 하는 것이 아니라 벧엘의 하나님께 구체적인 결단과 믿음으로 나아가자.

보이지 않는 땅속의 씨앗처럼 지금 변화가 보이지 않아도 하나님께서 지속적으로 살펴주셔서 구체적으로 변화되는 역사가 벧엘에서 이루어지기를! 마침내 때가 되어 하루에 한 자가 크는 모소 대나무처럼 영적 삶에도 매일 놀라운 성장이 있게 하여 주시기를!

6
chapter

떠나는
길

창세기 31장 1-5절

야곱이 라반의 아들들이 하는 말을 들은즉 야곱이 우리 아버지의 소유를 다 빼앗고 우리 아버지의 소유로 말미암아 이 모든 재물을 모았다 하는지라 야곱이 라반의 안색을 본즉 자기에게 대하여 전과 같지 아니하더라 여호와께서 야곱에게 이르시되 네 조상의 땅 네 족속에게로 돌아가라 내가 너와 함께 있으리라 하신지라 야곱이 사람을 보내어 라헬과 레아를 자기 양 떼가 있는 들로 불러다가 그들에게 이르되 내가 그대들의 아버지의 안색을 본즉 내게 대하여 전과 같지 아니하도다 그러할지라도 내 아버지의 하나님은 나와 함께 계셨느니라 야곱이 라반과 20년을 살며 고생을 많이 했다. 야곱이 라반의 집에 올 때는 잠시 머물려고 했지 그곳에 오래 살 마음은 없었는데 20년을 살게 되었다. 사는 곳도 마음대로 안 되는 것이 인생이다. 계획을 세우는 것도 중요하겠지만 참 계획대로 안 되는 것도 인생이다.

내 마음대로 안 되는 인생길의 의미는 '하나님과 동행함'이다. 주님은 우리에게 "무엇을 이루었는가?"보다 "누구와 동행하는가?"를 물으실 것이다.

31장에서는 드디어 하나님께서 야곱에게 집으로 돌아가라고 말씀하신다. 하지만 현재 상황이 그렇게 좋은 것은 아니다. 야곱이 20년 동안 그리 좋았던 적은 없지만 이 장에서도 그렇게 상태가 좋지는 않다.

안색이 변한 라반

야곱이 라반의 아들들이 하는 말을 들은즉 야곱이 우리 아버지의 소유를 다 빼앗고 우리 아버지의 소유로 말미암아 이 모든 재물을 모았다 하는지라 야곱이 라반의 안색을 본즉 자기에게 대하여 전과 같지 아니하더라 **창 31:1,2**

31장 처음부터 야곱은 마음이 상한다. 라반의 아들들이 라반에게 가서 "야곱이 우리 것, 아버지 것 다 빼앗아서 부유하게 됐다"라고 얘기하는 것이다. 그리고 라반도 기분이 안 좋아 보인다.

사실 라반이 부유해진 것은 야곱 때문이었다. 라반이 원래 부유한 사람이 아니었는데 야곱이 그곳에서 일하면서 하나님께서 야곱을 축복하시고 덕분에 라반도 상당히 부유해진 것이다. 그런데도 라반은 만족이 안 될 뿐만 아니라 라반의 아들들은 야곱이 자기 아버지의 것을 빼앗아서 부유해졌다고 생각한다.

항상 악은 악을 낳고 선은 선을 낳는다.
악한 생각은 계속 악한 것을 낳고
악한 것은 지속적으로 인생을 지배한다.

지배하는 악함은 감당해낼 수 없는 유혹으로 찾아온다. 선으로 악을 이기라(롬 12:21)고 하신 말씀은 악의 그 끈을 끊어버리라는 것이다. 똑같이 상대하지 말고 선으로 악을 끊어내야 한다.

아들들이 그렇게 얘기할 때 온전한 정신이 있는 아버지여서 "아니다! 우리가 이만큼 사는 것은 야곱이 들어오고 난 이후부터야"라고 한마디만 했으면 됐을 텐데 라반도 아들들의 말을 듣고 그렇다는 생각이 들었다. '나 때문에 저 녀석이 부자가 되었다' 여겨지고, 아무리 임금 체계를 바꾸어도 야곱이 복을 받고 자신이 생각할 수 없는 일들이 벌어지니까 뭔가 문제가 있다는 생각이 들었다.

라반의 안색이 바뀌고 차갑게 나오는 것을 보고 야곱이 '아, 이제 떠나야 하는구나. 떠나고 싶구나' 이런 생각이 드는데 드디어 하나님께서 "네 조상의 땅 네 족속에게로 돌아가라" 말씀하신다.

여호와께서 야곱에게 이르시되 네 조상의 땅 네 족속에게로 돌아가라 내가 너와 함께 있으리라 하신지라 창 31:3

사실 야곱은 그전부터 떠나고 싶어 했다. 30장에는 진심으로 야곱이 한 번 떠나려고 했던 것이 나온다.

라헬이 요셉을 낳았을 때에 야곱이 라반에게 이르되 나를 보내어 내 고향 나의 땅으로 가게 하시되 내가 외삼촌에게서 일하고 얻은 처자를 내게 주시어 나로 가게 하소서 내가 외삼촌에게 한 일은 외삼촌이 아시나이다 창 30:25,26

열한 번째 아들 요셉이 태어났을 때 야곱은 돌아가고 싶어 했다. 그런데 라반이 잡고, 하나님의 명령도 떨어지지 않았다. 중요한 것은 야곱이 벧엘 이후에 조금씩 변화되고 있었고, 그가 하나님의 사인을 기다렸다는 것이다. 그리고 이제 드디어 하나님께서 돌아가라고 말씀하셨다.

기다림의 순종, 떠남의 순종

아더 핑크(Arthur Walkington Pink)라는 신학자는 야곱이 드디어 처음으로 하나님의 말씀이 떨어질 때까지 기다렸다며, 기다림은 벧엘의 하나님을 만난 이후에 야곱에게 나타난 변화라고 말한다.

제임스 몽고메리 보이스 목사님은 야곱이 하나님의 말씀을 기다렸을 뿐만 아니라 하나님의 말씀이 선포될 때 순종한 것, 즉 하나님께서 떠나라고 하셨을 때 바로 떠났다는 것에 중점을 둔다. 왜냐하면 야곱이 그곳에 있고 싶지 않지만 떠나가는 길과 목적지도 쉽지 않기 때문이다.

하란에서 길르앗으로 돌아가는 길은 500킬로미터가 조금 안 되지만 돌아가면 에서가 있다. 돌아가면 금의환향하고 부자로 돌아와 사람들이 반기고 좋아하는 게 아니고 오히려 죽을 가능성이 크다. 돌아가도 문제가 더 커지는 그런 길이다.

그러나 야곱은 "거기 말고 딴 데 가면 안 돼요? 라반도 아니고 거기도 아니고 제3의 국가로 가면 안 돼요?"라고 말하지 않았다. 부유해졌으니까 그렇게 해도 될 것 같은데 어떠한 말도 하지 않고 하나님의 말씀을 그대로 순종한다.

하나님의 말씀을 기다렸다는 것도 아주 중요한 부분이고 하나님의 말씀이 선포될 때 그 말씀대로 행했다는 것도 아주 귀한 부분이다. 야곱이 그만큼 변화되고 있었다는 것이다.

라반이 너무 싫고 같이 사는 것이 싫다. 그러나 다시 돌아가는 길도 만만치 않다. 돌아가면 에서가 있다. 에서가 어떻게 나올지, 어떤 일을 행할지 알 수 없다. 자신의 목숨을 빼앗아 갈 수도 있다. 그 에서의 성정을 잘 아는 야곱이기에 머물 수도 떠날 수도 없다. 사실은 산 넘어 산이다.

살다 보면 그럴 때가 있다. 이것도 싫은데 내가 맞닥뜨려야 하는 저것도 쉽지가 않은⋯. 직장에서 못된 상사를 만나 이 상사만 없으면 될 것 같았는데 다른 부서로 발령받으니까 더 나쁜 상사가 기다리고 있다. 이 일만 해결되면 다 될 것 같았지만 저 일이 또 기다리고 있다. 우리의 인생에는 항상 한계가 있고 항상 어려움이 다가온다.

인생의 길은 한 치 앞을 알 수 없다. 아무리 안전하다고 생각해도 위험이 도사리고 있을 수 있고 아무리 위험하다고 해도 하나님의 보호하심이 있을 수 있다.

우리의 길은 마음대로 되지 않으며 우리는 항상 한계를 느끼면서 살아간다. 알아서 살아갈 수가 없다. 한계를 느끼지 못하는 것은 미숙한 것이다. 능력이 있는 게 아니고 미숙한 것이다. 인생의 성숙함은 나의 한계를 아는 것이다.

우리에게는 한계가 있으나 하나님께는 한계가 없다.
우리에게는 지혜가 필요하고 하나님은 지혜의 근본이시다.

그래서 우리가 하나님을 붙잡고 살아가는 것이 신앙생활이다. 신앙생활의 근본은 하나님과 함께하는 것이다. 우리의 인생은 하나님이 책임지신다. 하나님을 더 붙잡고 하나님 중심으로 살아가는 믿음의 결단이 절대적으로 필요하다.

라반과 살기 싫다. 그러나 고향으로 가는 것도 쉽지 않다. 저지른 죄악이 아직 해결되지 않아서 돌아가면 어떤 일이 일어날지 모른다. 문제와 문제에 둘러싸였을 때 가장 좋은 길은 단순하게 하나님 말씀에 순종하는 것이다. 지난 죄악을 해결해야 새로운 미래가 열린다. 회개하고 돌이키면 새로운 내일을 맞이할 수 있다.

열 번이나 바뀐 품삯

이제 가기는 가야 한다. 가려고 하니까 여러 가지 생각이 든다. 어떻게 가야 할까, 이 많은 양 떼를 어떻게 몰고 갈까. 또두 아내는? 그녀들은 이곳이 고향이고 그래도 아버지인데 떠나자고 하면 어떻게 생각할까. 가족들에게 이야기하고 모두 함께가야 하기에 야곱은 일단 가축들을 몰고 먼 곳으로 나온 다음, 사람을 보내 자신의 두 아내를 불러와서는 이야기를 꺼낸다.

> 그들에게 이르되 내가 그대들의 아버지의 안색을 본즉 내게 대하여 전과 같지 아니하도다 그럴지라도 내 아버지의 하나님은 나와 함께 계셨느니라 그대들도 알거니와 내가 힘을 다하여 그대들의 아버지를 섬겼거늘 그대들의 아버지가 나를 속여 품삯을 열 번이나 변경하였느니라 창 31:5-7

야곱이 20년 동안 라반과 함께 살았다. 라반과 함께 20년을 산다는 것은 야곱에게 쉬운 일이 아니었다. 20년 동안 첫 7년은 자기가 좋아하는 여자와 결혼하기 위해서 돈도 못 벌고거의 머슴같이 살았다.

7년 후에 사랑하는 여인 라헬과 결혼하는데 그조차도 처음에는 사기당하여 그녀의 언니와 결혼하고 1주일 후에 라헬과 결혼한 다음부터 어느 정도의 살림을 살기 시작했다. 그렇게 14년은 여자를 위해서 살았고, 본격적으로 사실상 부유하게 된 것은 마지막 6년이다.

야곱의 품삯을 정하기 시작했다. 라반도 보통 사람이 아닌 것이, 이때 야곱이 제안하자마자 그 말대로 점박이, 얼룩진 것, 검은 것들을 다 가려내어 자기가 갖고 야곱에게 흰 양과 염소들만 모아다가 주면서 "앞으로 얼룩진 것들이 나오면 다 네 거야" 한다. 그리고 행여라도 섞이지 않도록 자기와 야곱 사이를 멀찌감치 떨어뜨린다.

> 그날에 그가 숫염소 중 얼룩무늬 있는 것과 점 있는 것을 가리고 암염소 중 흰 바탕에 아롱진 것과 점 있는 것을 가리고 양 중의 검은 것들을 가려 자기 아들들의 손에 맡기고 자기와 야곱의 사이를 사흘 길이 뜨게 하였고 야곱은 라반의 남은 양 떼를 치니라
> 창 30:34,35

흰 양끼리는 얼룩진 새끼가 나올 수 없으니까 너 가지라고 했는데 놀랍게 다 얼룩진 새끼들만 나왔다.

그런데 야곱도 속이는 사람이었지만 라반도 속이는 사람이었다. 이 라반이 얼마나 많이 속이냐면 품삯을 계속 바꾸어 열

번이나 바꿨다. 열 번을 바꾸었다는 것은 라반이 마음대로 바꿨다는 것이다. 그것도 야곱에게 불리하게. 지금 같으면 고발 당하고 잡혀갈 일이다.

그가 이르기를 점 있는 것이 네 삯이 되리라 하면 온 양 떼가 낳은 것이 점 있는 것이요 또 얼룩무늬 있는 것이 네 삯이 되리라 하면 온 양 떼가 낳은 것이 얼룩무늬 있는 것이니 하나님이 이같이 그대들의 아버지의 가축을 빼앗아 내게 주셨느니라 창 31:8,9

야곱이 라반에게 "점 있는 것만 내가 가질게요" 하면 점 있는 것만 나오고, 라반이 "안 되겠다. 너 이제 점박이 거 안 돼! 얼룩진 것만 너 가져" 그러면 얼룩진 것만 나왔다.
그런 일들 후에 이제 야곱은 "당신이 그렇게 품삯을 자꾸 바꾸고 나에게 악하게 행했어도 하나님께서 나를 축복하셨다"라고 말한다.

하나님이 이같이 그대들의 아버지의 가축을 빼앗아 내게 주셨느니라 그 양 떼가 새끼 밸 때에 내가 꿈에 눈을 들어 보니 양 떼를 탄 숫양은 다 얼룩무늬 있는 것과 점 있는 것과 아롱진 것이었더라 꿈에 하나님의 사자가 내게 말씀하시기를 야곱아 하기로 내가 대답하기를 여기 있나이다 하매 이르시되 네 눈을 들어 보라 양 떼를 탄 숫양은 다 얼룩무늬 있는 것, 점 있는 것과 아롱진 것이니라 라반이 네게 행한 모든 것을 내가 보았노라 창 31:9-12

하나님만 주실 수 있는 복

이 땅에서 내가 노력해서 얻는 복이 있다. 내가 노력해서 누릴 수 있는 것들이 있다. 노력해서 돈도 벌 수 있고 어느 정도 명예도 얻을 수 있으며 어떠한 영향력을 가질 수도 있다.

그러나 그것은 사람의 노력일 뿐이고, 하나님만 행하실 수 있는 것, 하나님만 주실 수 있는 것들이 있다. 사람이 계산하고 사람이 지금까지 했던 어떠한 행위에서 일어나는 결과가 아니라 하나님께서 함께하셔서 부어주시는 하나님의 복이 있다.

"아, 이것은 하나님께서 행하신 거다. 이것은 사람의 힘으로 되는 게 아니다. 사람에게서 나올 수가 없고 하나님에게서 나오는 것이다"라고밖에 고백할 수 없는 일들, 하나님만이 주실 수 있는 복이 있다.

야곱에게 임했던 축복은 사람의 경험과 능력을 초월한다. 그 축복은 사람이 노력해서 일어나는 축복이 아니었다. 야곱이 믿음이 좋아서 일어나는 축복도 아니었고 착해서 일어나는 축복도 아니었다. 하나님께서 작정하고 주신 축복이었다.

이 땅을 살아가는 오늘 우리에게 일어나도록 간구해야 하는 축복은 그저 내가 조금 더 편한 인생을 살고 조금 더 이 땅에서 무엇을 누리고 사는 것이 아니라 하나님께서 살아계시고 하나님만 주실 수 있는 축복이 임하는 인생이 되는 것이다.

하나님께서 주시는 복으로만 사는 삶이 있다. 그 삶에는 하나님만 주실 수 있는 축복이 일어나고 하나님만 하시는 일이 일어난다. 나의 인생을 통해서 하나님만 하실 수 있는 역사가 나타난다. 당신에게 그런 일들이 많이 일어나기를 바란다.

사람이 설명할 수 없는 일이 벌어지며 야곱에게 복이 있었다. 벧엘에서 하나님을 만난 이후 야곱의 삶에서는 하나님께서 약속하신 역사들이 이루어지고 있었고 야곱도 조금씩 변화되고 있었다. 그래서 그는 마음대로 하지 않았다. 원하는 곳에 가서 살고 싶고, 부유하니까 마음대로 할 수도 있었지만 기다렸다. 그러자 이제 하나님께서 가라고 하신다.

나는 벧엘의 하나님이라 네가 거기서 기둥에 기름을 붓고 거기서 내게 서원하였으니 지금 일어나 이 곳을 떠나서 네 출생지로 돌아가라 하셨느니라 창 31:13

그 길은 편안한 길이 아니라 불편한 길이다. 신앙의 길, 아버지께로 돌아오는 길은 결코 넓고 큰 길이 아니다. 좁은 길이다. 그래도 반드시 돌아오라고 하나님께서 우리에게도 말씀하신다.

야곱이 그 길을 가려고 아내들에게 말했을 때 둘 다 "무슨 소리냐, 그래도 우리 아버지인데 그렇게까지 얘기할 수 있느냐"라고 하지 않는다. 아버지가 너무 악하고, 살아보니 야곱이 옳은 일을 하는 것을 본 라반의 두 딸도 "당연히 당신 따라간다. 우리는 이 집에 아무 상관이 없다. 어차피 여자는 유산도 없고 아버지는 우리를 외국인 대하듯 했다. 우리를 당신에게 팔아먹은 거나 다름없다. 그러니까 우리는 간다" 그렇게 마음을 먹고 따라나선다.

라헬과 레아가 그에게 대답하여 이르되 우리가 우리 아버지 집에서 무슨 분깃이나 유산이 있으리요 아버지가 우리를 팔고 우리의 돈을 다 먹어버렸으니 아버지가 우리를 외국인처럼 여기는 것이 아닌가 하나님이 우리 아버지에게서 취하여 가신 재물은 우리와 우리 자식의 것이니 이제 하나님이 당신에게 이르신 일을 다 준행하라 창 31:14-16

네가 어찌 이같이 하였느냐

야곱이 떠나려고 하는 지금 이 시기는 이스라엘에 풀이 가장 많은 때여서 양들을 밖으로 데리고 나가 풀을 먹이느라 목동들이 가장 바쁜 시즌이었다. 야곱 일행이 한 3일 정도 도망가고 있을 때 라반이 알게 될 정도로 라반과 그의 아들들도 바쁜 시간을 보내고 있었다.

떠난다고 이야기를 하면 분명히 잡을 테니까 그냥 조용히 떠난다. 야곱이 먼저 양들을 몰고 나오고 그곳에서 사람을 시켜 가족들을 데리고 나와서 도주한다.

야곱이 떠난 것을 알고 분노한 라반이 형제들을 모으고 야곱을 뒤쫓는다. 그 당시에는 친족 사회였기 때문에 족속마다 형제들이 많았고 그 형제들이 군사를 이루어서 자신들의 땅과 소유를 지켰다. 그러니 군대가 오는 거나 마찬가지였다.

그들이 쫓아가서 일주일 안에 잡는다. 아무리 일찍 떠났어도 양을 포함한 가축과 가족들을 다 같이 데리고 가는 사람과 추격하는 군대 중에 누가 빠르겠는가? 일주일 만에 야곱 일행을 따라잡고는 라반이 엄청 열 받아서 분노하며 말한다.

> … 네가 나를 속이고 내 딸들을 칼에 사로잡힌 자같이 끌고 갔으니 어찌 이같이 하였느냐 내가 즐거움과 노래와 북과 수금으

로 너를 보내겠거늘 어찌하여 네가 나를 속이고 가만히 도망하고 내게 알리지 아니하였으며 내가 내 손자들과 딸들에게 입 맞추지 못하게 하였으니 네 행위가 참으로 어리석도다 창 31:26-28

"네가 나를 어떻게 속여? 우리가 20년을 같이 살았는데 내가 너에게 어떻게 했니?"

라반은 자기가 어떻게 했는지를 모른다. 단 한 번도 왜 야곱이 자신을 떠나려고 하는지, 그동안 자기가 어떻게 살았는지 생각하지 않는다. 라반은 무엇을 잘하는 사람인가? 속이는 것을 잘하는 사람이다. 그러나 그런 자기 자신을 모른다.

야곱 때문에 얻은 부와 힘으로 오히려 그를 치려고 쫓아오면서도 라반은 야곱이 자신을 속이고 도망갔다는 생각만 했고 그 일주일 동안 야곱을 잡아야 한다는 생각에만 붙잡혀 있었다.

"너 나를 어떻게 속여? 내가 얼마나 너에게 잘해서 보내주었을 텐데. 나에게 미리 말만 했으면 축복해서 보냈을 것 아니냐?"

가겠다고 그 전에 이미 말했었는데 기억도 못 한다.

사람은 자신의 악을 잘 모른다. 남의 악은 참 잘 보이는데 나는 얼마나 악한지, 나의 악은 잘 보이지 않는다. 자신을 모르고, 자신이 어떤 악한 일을 하고 있는지도 모른다. 악한 사람은 자신의 악함 속에서만 산다.

자신의 프레임에서 자신을 정당화하는 악함이
모든 사람에게 존재한다.
회개가 진정하게 일어나지 않는 것도
먼저 나의 악한 죄성을 찾지 못하고
나 중심에서 생각하기 때문이다.

사람이 악할수록 자신밖에 모른다. 악에 잡혀 살면 주의 음
성을 듣지 못한다. 깨닫지 못하는 것이 가장 큰 불행이다. 악
한 것을 끊지 않으면 악은 계속해서 악을 행한다.

악을 끊고 선으로 돌이키는 것이 신앙이다. 돌이키면 주께서
기회를 주신다. 깨닫고 돌이키는 것이 가장 큰 은혜고, 어떠한
상황에서도 타인을 생각하고 입장을 바꾸어 생각하는 것이 지
혜다.

악은 악으로 계승된다

너를 해할 만한 능력이 내 손에 있으나 너희 아버지의 하나님이
어제 밤에 내게 말씀하시기를 너는 삼가 야곱에게 선악간에 말
하지 말라 하셨느니라 **창 31:29**

어젯밤, 바로 오늘 야곱을 잡기 전날 밤에 라반의 꿈에 하나님께서 나타나셔서 건드리지 말라 하셨다. 그것이 아니었으면 라반은 그 성격에 아마 다 죽여버리고 야곱의 가축과 소유물을 다 자기 것으로 취했을 텐데 하나님은 그에게 선악간에 말하지 말라고 하셨다.

그러나 라반은 계속해서 화을 내며 드라빔에 대해서 말한다. "드라빔을 훔쳐? 다른 것도 모자라서 드라빔을 훔쳐?"

그 때에 라반이 양털을 깎으러 갔으므로 라헬은 그의 아버지의 드라빔을 도둑질하고 **창 31:19**

야곱의 일행이 도망갈 때 라헬이 아버지의 드라빔(teraphim)을 훔쳤다. 드라빔은 자신의 집을 지켜준다고 믿는, 집의 수호신 같은 우상으로 구약 전체에 열다섯 번 등장한다. 크기는 작은 것부터 큰 것까지 있고, 큰 것은 사람 키만 하다고 한다. 자기 집 앞에 자신들이 원하는 만큼 만들어 놓고 그것에 제사를 지내고 했던 라반 집안의 우상이었다. 그것을 라헬이 훔쳤다.

왜 훔쳤는지는 정확히 알 수 없다. 여러 학자의 이야기가 있다. 어떤 학자는 "라헬이 이 드라빔을 훔칠 때 자신의 신앙이 아직은 완벽하게 하나님 앞에 오지 않았다. 그래서 훔쳤다"라고 말한다. 아직 신앙이 온전치 않았던 라헬이 떠나는 길에 있을지 모를 어려움과 위험에서 우상이 자신을 지켜주리라 믿었다는 것이다.

또 어떤 신학자는 "드라빔은 유산의 상징이다. 드라빔을 갖고 있는 사람이 유산을 갖는다"라고 하는데 그것은 별로 타당성이 없다. 이미 도망가고 있기 때문이다. 어차피 그 아버지와 원수가 될 가능성이 크고, 드라빔을 가지고 있다고 해도 라헬은 여자라서 유산을 받을 수 없다.

그밖에 "아버지가 너무 싫어서 아버지가 가장 중요하게 생각하는 것을 가지고 도망갔다"라고 하는 주장 등 여러 이야기가 있는데 확실히 알 수는 없다.

이 드라빔을 가지고 도망간 것을 라반이 알게 된다. 사실 드라빔 때문에 열 받은 것은 아니고 라반의 입장에서는 야곱이 가진 것도 내 것이라고 생각한 것 같다. 그런데 야곱이 진짜 자기 것이라고 가져가 버리니 분노한 것이다.

그러자 야곱이 누구든 드라빔을 훔친 사람이 있으면 그는 살지 못할 것(32절)이라고 말한다. 야곱이 얼마나 자신이 있었냐면 훔친 자를 찾으면 내가 그를 죽여버린다고 했다. 드라빔은 라헬이 가지고 있었지만 야곱은 라헬이 훔쳤다는 것을 모른다. 야곱이 라헬을 사랑했는데도 몰랐다.

그럼 라헬은 어떻게 했는가? 라반의 드라빔이 작았다. 라헬이 낙타를 타고 있었는데 드라빔이 작아서 이것을 낙타의 안장 밑에 숨긴다. 그러고는 자신은 생리통이 너무 심해서 도저히 내릴 수 없으니 여기 앉아 있겠다고 말한다.

아버지가 속이니까 딸도 속인다. 선은 선을 낳고 악은 악을 낳는다. 악함은 그대로 습득된다. 악함을 보며 자라온 사람은 악함을 그대로 습득한다. 믿음도 그렇다. 악함도 대를 잇고 믿음도 대를 잇는다. 나 중심도 대를 잇고 하나님 중심도 대를 잇는다.

우리가 하나님 중심으로 사는 삶으로 본이 되어야 다음세대에 그 믿음이 이어진다. 우리의 삶을 보고서 아이들이 주를 붙잡을 수도 있고 사기 치는 삶을 살 수도 있다. 모세와 여호수아의 후예들이 하나님을 알지 못하는 세대로 자라났다. 믿음이 계승되지 않은 것은 삶으로 살아내지 못했다는 의미다. 말로 믿음을 살아낼 수 없다.

라반이 샅샅이 뒤졌는데 드라빔을 찾지 못하자 이제 야곱이 반격한다. 전세 역전이다.

통쾌하지만 감동은 없는 입바른 소리

야곱이 노하여 라반을 책망한다. 얼마나 열 받겠는가? 해도 해도 너무한다. "당신 진짜 그럴 수 있냐, 치사스럽게 그럴 수 있냐?" 하고 그동안 엄청나게 쌓였던 것을 다 터뜨린다.

> 내가 이 이십 년을 외삼촌과 함께하였거니와 외삼촌의 암양들이나 암염소들이 낙태하지 아니하였고 또 외삼촌의 양 떼의 숫양을 내가 먹지 아니하였으며 물려 찢긴 것은 내가 외삼촌에게로 가져가지 아니하고 낮에 도둑을 맞았든지 밤에 도둑을 맞았든지 외삼촌이 그것을 내 손에서 찾았으므로 내가 스스로 그것을 보충하였으며 내가 이와 같이 낮에는 더위와 밤에는 추위를 무릅쓰고 눈 붙일 겨를도 없이 지냈나이다 창 31:38-40

야곱은 라반이 소유했던 양 중에 낙태한 양이 없고, 양 떼를 데리고 나가서 맹수의 공격을 받으면 사실상 그것은 야곱의 잘못이 아니니까 넘어갈 수 있지만 그것을 자기 양으로 채웠으며, 자신이 라반의 양은 잡아먹지도 않았다고 말한다.

"나는 치사하고 더러워서 당신 것은 먹지도 않았습니다. 20년 동안 내가 그렇게 살았습니다. 그런데 당신은 열 번이나 품삯을 바꿨습니다. 그런데 지금 축복은 못 해줄망정 이럴 수 있습니까?"

내가 외삼촌의 집에 있는 이 이십 년 동안 외삼촌의 두 딸을 위하여 십사 년, 외삼촌의 양 떼를 위하여 육 년을 외삼촌에게 봉사하였거니와 외삼촌께서 내 품삯을 열 번이나 바꾸셨으며 우리 아버지의 하나님, 아브라함의 하나님 곧 이삭이 경외하는 이가 나와 함께 계시지 아니하셨더라면 외삼촌께서 이제 나를 빈손으로 돌려보내셨으리이다마는 하나님이 내 고난과 내 손의 수고를 보시고 어제 밤에 외삼촌을 책망하셨나이다 창 31:41,42

"나의 하나님이 어젯밤 당신의 꿈에 나타나셔서 죽이지 말라고 하셨으니까 나를 안 죽이는 거지 안 그랬으면 죽였을 거 아닙니까?"

야곱이 아주 정확하게 팩트를 이야기하고 있다. 사실적이고 정확하고 맞는 이야기다. 라반이 할 말이 없다. 그런데 이 말씀을 읽으면서 그리 감동이나 은혜가 되지 않는다. 왜 그럴까.

중국 무협 영화를 보면 통쾌하다. 중국 무협 영화는 항상 복수하는 영화로, 그런 영화는 대개 이렇게 전개된다. 아주 행복한 집이 있었는데 갑자기 나쁜 놈들이 들어와서 가족들을 다 죽인다. 그 와중에 어떤 아이가 다락이나 장 안에 숨어 있다가 살아남는다. 이 아이는 산에 올라가서 도인을 만나게 되고 그 아래에서 훈련하여 마침내 원수인 그 나쁜 놈들에게 복수한다. 통쾌하지만 감동은 없다. 통쾌하지만 은혜가 되지는 않는다.

정확하게 말하는 것, 똑똑하게 말하는 것, 팩트 중심. 그것은 세상의 기준이다. 세상의 기준에서는 가치가 세상에 있고 물질이 중요하고 사실에 근거한 것이 중요하다. 그러나 이런 말이나 행동에는 어떠한 능력도 은혜도 없다. 정말 중요한 것은 그의 영혼을 사랑하는 것이다.

옳고 그름을 뛰어넘는 십자가의 사랑

야곱은 라반을 사랑하지 않았다. 원수처럼 미워했다. 지금 라반에게 옳은 얘기를 하지만 일단 야곱도 자기 자신을 모른다. 야곱도 그렇게 말할 주제가 아닌 것이 그는 아버지를 속이고 형을 속였던 사람이다. 장자권 그 유산만 받으면 된다고 생각하고 도망갔던, 돈밖에 몰랐던 사람이다.

라반과 야곱이 무엇이 다른가. 다 사기꾼이다. 내가 어떤 사람인지 가장 모르는 것이 나 자신이다. 야곱은 벧엘에서 하나님께서 만나주신 후로 조금씩 변화되고는 있었지만, 자신을 억압하고 힘들게 하는 라반을 보자 그 상처를 뛰어넘지 못하고 다시 그 전으로 돌아간다.

자기는 어떤 사람이었고 어떤 잘못을 했으며 인생을 어떻게 살았는지 기억하지 못하고, 나 같은 인생을 벧엘에서 만나주셔서 다시 세워주신 하나님을 잊고 자기중심에서 벗어나지 못한 채 "내가 옳다, 너는 틀렸다, 너는 이런 인생이다"라고 지적하며 라반을 책망한다.

우리도 그렇지 않은가? 조금만 전세가 역전되면, 내가 조금만 더 유리하면, 더 반박할 수 있으면 그 사람을 잡고 업신여기고 힘들게 하고 밟아 죽이려 하는 모습이 우리 안에 있지 않은가? 우리는 은혜받고 눈물 흘리고 열심히 예배드리다가도 조금만 어떤 일이 터지면 바로 고꾸라지고 옛 모습이 불쑥 튀어나올 때가 너무 많다.

예수님이 정확하게 나를 다루시면 나는 죽는다. 예수님이 나를 앉혀놓고 "너 이랬지" 하고 하나하나 옳고 그름을 따지며 정확하게 다루시면 나는 끝난다. 그런데 주님은 정답을 요구하지 않으시고 그저 사랑하고 안아주셨다.

예수님은 진리이고 또한 하나님이신데도 잘못된 우리를 위하여 이 땅에 오셔서 십자가를 지고 대신 죽어주셨다. 그것이 십자가 복음이다. 십자가 복음은 허물을 덮고 용서하며 우리를 있는 그대로 안아주신다. 우리는 예수님께 상식과 옳고 그름을 뛰어넘는 그 사랑을 그저 받았다.

그 사랑은 십자가에서 드러난다. 십자가의 놀라운 역사는 지적하는 것이 아니었다. 우리의 상태를 정확하게 진단하는 것이 아니었다. 예수님은 우리에게 "너는 이래. 너는 이런 인간이야"라고 말씀하시는 것이 아니라 "그럼에도 불구하고 나는 너를 사랑해. 너는 나에게 너무 귀하고 소중해. 그래서 내가 너를 위해서 죽은 거야"라고 말씀하신다.

그리스도인의 기준은 십자가다. 신앙은 무엇이 옳고 그른가가 우선되는 것이 아니라 사랑으로 모든 허다한 것을 덮는 것이다. 예수 그리스도의 위대한 사랑이 우리를 살렸지만 아직도 우리는 내가 생각하는 옳고 그름 속에서 헤매고 있는지도 모른다.

"저 사람이 이렇게 나오면 내가 용서해주지"
"저 사람이 깨우치면 내가 용서하지"
그런 것은 용서가 아니다.

지금도 용서가 안 되고 가슴 속 깊이 자리잡은 채 당신을 힘들게 하는 상처와 쓴 뿌리가 있을지 모른다. 그것을 하나님께서 해결해주시기를 원한다. 하나님만이 주시는 축복으로 그것이 해결되는 역사가 있기를 원한다.

그 상처를 하나님 앞에 올려드리고, 하나님에게서만 받을 수 있는 축복을 붙잡고 그 상처를 내려놓자. 사실을 근거로 그들을 다루는 것이 아니라 예수의 사랑으로 하늘의 가치로 그들을 대하자. 놀라운 변화가 시작될 것이다.

허물을 덮어주는 십자가의 사랑

청소년 사역을 하면서 만난 아이들이 많다. 아이들과 생활하면서 한 가지 확실하게 체험한 것이 있다. '아이들은 정답으로 변화되지 않는다'라는 것이다. 어떤 아이도 "정신 차려라", "공부하자" 등의 말로 바뀌지 않는다. 사람은 감동을 받아야 변화된다.

한 아이가 있었다. 가정 상황이 참 안 좋은 아이였다. 분노가 가득했고 분노를 조절하지 못해서 사건 사고가 많았다. 집에 데리고 와서 재우기도 하고 놀기도 하고 수련회 가서 밤새 기도해도 전혀 변화가 보이지 않았고 오히려 거리가 더 멀어졌다.

어느 날 경찰서에서 전화가 와서 급하게 가보니 그 녀석이 여러 사람을 때려서 큰 문제가 되었다. 전례들도 있어서 쉽게 풀려날 수가 없었다. 며칠 동안 그분들을 찾아가고 사과하며 겨우 합의하고 그 녀석을 데리고 나올 수 있었다. 녀석이 자기도

미안했는지 뒤에서 조용히 따라오다가 한마디 했다.

"죄송해요."

그 말을 듣고 딱 한 마디를 대답했다. 그리고 그 한 마디가 그 녀석을 뒤집어 놓았다. 그리 기도해도 안 되던 녀석을.

"괜찮다."

이 한 마디였다.

예수님도 우리를 그리 받아주셨다. 우리가 '아직' 죄인 되었을 때 예수께서 우리를 끌어안으셨다. 아직도 죄를 붙잡을 때 예수께서 살려주셨다. 주님을 찾지도 않을 때 우리를 붙잡아주셨다. 변화되지 않았을 때 우리를 사랑해주셨다.

십자가의 보혈 아니면 살아날 수 없다. 나는 그 십자가로 살아놓고 다른 사람은 내 잣대로 지적하고 책망한다면 그것이 무슨 예수 믿는 사람인가? 그래서 창세기 31장에 등장하는 이야기는 감동을 주지 못한다.

31장에 나타난 야곱의 모습은 우리의 모습이다. 벧엘에서 하나님을 만났지만 여전히 자기밖에 모르는 인생. 남의 잘못만 보이고 그런 잘못을 아주 정확하게 지적하는 인생, 그래서 굉장히 똑똑해 보이지만 은혜가 하나도 없는 인생이다.

6.25 전쟁 때 곳곳에서 어머니들이(아버지가 그랬다는 얘기는 별로 들어본 적이 없다) 자기 옷을 벗어 아기들을 감싸고 끌어안

은 채 자기는 꽁꽁 얼어 죽은, 그러나 그 덕분에 아기는 살렸다는 이야기를 듣곤 한다. 그것은 두려움과 아픔을 뛰어넘어 놀라운 일을 이루어내는 사랑의 위대함이다.

세상에서 똑똑하다는 말은 자기밖에 모르고 계산이 확실하다는 말일 수 있다. 똑똑하게 살지 말자. 똑똑한 교회보다 따뜻한 교회가 되자. 똑똑한 사람보다 따뜻한 사람이 되자! 허물을 사랑으로 덮어주자. 그래야 나의 허물도 덮음을 받을 것 아닌가. 주님이 우리를 그렇게 덮어주셨다.

우리가 걸어야 할 좁은 길

그렇다면 인생을 어떻게 살아가야 할까? 진짜 교회와 성도가 되기를 원한다면 삶 속에서 무슨 일이 일어나야 할까? 주님의 마음을 닮아가는 삶 속에 어떠한 열매들이 나타나야 할까? 오늘 하나님은 우리에게 어떤 길을 요구하실까?

하나님께서 우리에게 다시 돌아오라고 하시는 길은 좁은 길이다. 좁은 길은 이 세상 사람들이 가지 않는 길이다. 아버지께 돌아가는 좁은 길은 나를 더 낮추고 남을 더 높이는 길이다. 섬기는 길이고 십자가의 길이다. 복수에서 용서로 변화되는 길이다. 세상의 방법을 떠나서 하나님만이 주시는 복으로 사는 길이다.

용서를 낭비하는 좁은 길

아버지께 가는 좁은 길은 지적하는 것이 아니라 허물을 덮고 용서하는 길이다. 사랑으로 용서하고 똑같이 행하지 않는 것이 십자가의 정신이다. 부당한 일을 당할 때도 어떻게 해서든지 만회하고 복수하는 것이 아니라 덮어주는 것이다.

세상을 버리고 아버지를 찾아오는 길은 사랑으로 허물을 덮고 남을 나보다 낫게 여기고 진심으로 존중하고 사랑하고 아끼는 것이다. 우리를 힘들게 하는 그 사람의 허물을 덮어야 예수 중심인 것이다.

내가 용서받아야 한다면 먼저 용서를 빌자. 용서할 것을 용서하고 내려놓을 것을 내려놓자. 적극적으로 끌어안고 손해 보고 사랑으로 허물을 덮자. 사랑은 낭비하는 것이다. 그때 하나님의 역사가 일어난다.

필요 없는 것을 값 주고 산다면 그것은 낭비다. 가치 이상으로 값을 많이 주고 사는 것도 낭비다. 그런데 예수께서 보여주신 십자가의 사랑은 낭비의 극치다.

죽기보다 더 미운 사람을 예수님이 내 주인이시기에 기도하며 몸부림치며 용서하는 것은 나의 시간과 에너지를 낭비하는 것이다. 생각조차 하고 싶지 않은 것을 용서하는 것은 낭비다. 십자가의 길을 걷는 주님의 사람은 사랑의 낭비를 하는 사람이다.

손해 보는 것은 기독교의 핵심이다. 십자가로 표현된 주님의 사랑은 손해의 극치를 보여준다. 험담을 들었다고 그 이유를 묻고 배로 돌려주는 것이 아니라 묵묵히 주께 기도하며 주님이 풀어주시길 기도하는 것이 손해 보는 모습이다.

세상의 계산법과 하늘의 계산법은 다르다. 이곳에서 손해 본다고 하늘에서 손해 보는 것이 아니다. 오히려 세상의 성공이 하늘의 실패로 이어질 수 있다. 악함과 이기주의와 담을 쌓자. 몸부림치며 하늘의 계산법으로 살자. 오른뺨을 때리면 왼뺨을 돌려대는 것이 하늘의 계산법이다.

라반의 길을 떠난 좁은 길

하나님은 야곱에게 라반을 떠나라고 하신다. 라반은 '세상'이다. 내가 이제까지 무언가를 위해서 쌓아놓았던 편리함이다. 그것을 떠나 아버지께 오라는 것이다. 하나님은 물질적, 세상적인 길에서 떠나 아버지께 오라고 말씀하신다.

그것은 땅의 방법으로 사업하지 않아서 손해 보는 것이다. 세상 방법으로 직장 생활하지 않는 것이다. 처세술 책 읽지 않고, 바보라 불러도 하나님께서 원하시는 길로 가는 것이다.

"그런 식으로 하면 사업 안 됩니다."

"그렇게 하면 직장 생활 못 버텨요."

맞다. 이 세상에서 그렇게 해서 될 일이 아니다. 그런데 하나님만이 주실 수 있는 복이 있다. 야곱은 하나님만 주실 수 있는 복을 누렸다.

우리의 종착역은 이 세상이 아니다. 기독교는 내 마음대로 살기를 포기하고 예수를 주인 삼는 것이다. 그 순간부터 그분의 능력도 우리와 함께한다. 우리의 가치는 하나님이다. 하나님으로부터만 역사되는 것을 붙잡고 다른 것은 내려놓으라. 하나님의 임재를 통해서 경험되는 것만 붙잡고 다른 것은 내려놓으라.

하나님만이 주실 수 있는 그 복을 붙잡고 만족하며 살아가는 것이다. 하나님만 주실 수 있는 복으로 먹고살고, 그렇지 않은 것은 먹지 않는 것이다. 하나님의 것이 아닌 것, 하나님의 방법으로 얻지 않은 것은 먹지 않는 것이다.

하나님의 복이 아닌 것은 내 것이 아니다. 하나님께서 주시는 것만 먹고 살자. 하나님만 주실 수 있는 복으로 살아가자. 하나님의 축복만 붙잡고, 아닌 것은 내려놓자. 세상의 가치를 내려놓고 하나님께서 주시는 것만 붙잡고 살아가는 용기가 주께 올려 드리는 예배가 된다.

아직 해결되지 않은 문제 때문에 깊이 고민하지 말라. 주께서 해결하실 수 없는 문제가 없다면 주어진 문제는 나를 만들어가시는 주님의 시간이다. 우리가 완벽하지 않고 여러 가지로 문제가 있지만 하나님만 주시는 복으로 하나님만 함께하셔서 하나님을 닮아가는 놀라운 삶이 되게 하자.

선으로 악을 이기는 바보가 돼라

야곱과 라반이 언약을 맺는다. 희생 제사를 지내고 거기서 언약을 맺고 제단을 쌓고 미스바라고 부른다.

> 이 무더기가 증거가 되고 이 기둥이 증거가 되나니 내가 이 무더기를 넘어 네게로 가서 해하지 않을 것이요 네가 이 무더기, 이 기둥을 넘어 내게로 와서 해하지 아니할 것이라 창 31:52

"너는 나에게 쳐들어오지 않고 나는 네게 쳐들어가지 않는다."

서로서로 위협이 되니까 "너는 나 쳐들어오지 마라. 나도 너에게 쳐들어가지 않겠다" 하는 이것이 무슨 좋은 작별인가? 20

년 동안 감동이 없었지만 끝날 때도 감동이 없다. 누구에게도 하나님의 사람다운 모습이 없다.

라반은 이후 더 이상 성경에 나오지 않고 언급되지도 않는다. 그의 인생은 사기 치며 남의 것을 빼앗는 인생으로 끝난다. 그런데 야곱은 다르다. 우상을 섬기는 자들과 다르다. 아버지께 돌아오는 길에서 또 하나님과 만나면서 하나님의 함께하심이 있다. 하나님께서 그를 끝까지 붙잡고 끝까지 변화시키신다. 야곱은 하나님께서 끝까지 책임지시는 인생이다.

라반은 자신의 잘못을 모른다. 야곱은 야곱의 잘못을 모른다. 라헬은 라헬의 잘못을 모른다. 창세기 31장에서 놀랍게도 어느 한 사람도 회개하지 않는다. 그러나 더 놀라운 것은 그들을 포기하지 않으시는 하나님이다.

하나님은 우리를 포기하지 않으신다. 우리가 옳아서가 아니라 우리를 사랑하셔서 포기하지 않으신다. 주님의 사랑 없이 우리가 어떻게 이 자리에 있을 수 있는가? 그 십자가 정신 때문에 우리가 이 자리에 있는 것이다.

우리가 예수 믿는 사람들이라면, 그리고 진짜 예수쟁이라면 우리의 가치는 십자가다. 십자가의 가치가 들려주는 가장 궁극적인 메시지는 은혜받을 수 없는 우리가 저항할 수 없는 은혜로 은혜받은 것이다.

벧엘의 하나님을 만났지만 삶이 한 번에 다 변하지는 않으며 변화가 지속되지도 않는다. 정신 차리지 않으면 신앙생활 한 번 은혜 받은 것으로 끝나고 다시 똑같은 인생을 산다. 그렇다면 이 세상에서 어떠한 존재가 되어야 하겠는가.

세상에서 바보가 되어야 할 것이다. 이 세상에서 좁은 길로 걸어간다는 뜻은 바보가 된다는 뜻이다. 사랑으로 허물을 덮고, 다룰 수 있을 때 다루지 않고, 섬기지 않아도 되는 사람을 섬긴다는 것이다. 누가 나에게 악을 행했을 때 십자가를 통해 예수 그리스도만이 주실 수 있는 능력으로써 그의 악을 선으로 갚는 것이다.

당신의 가슴속에 묻혀 있는 어떤 원한이 있다면, 아직도 당신 안에 아직 해결되지 않은 부분이 있다면 지금 해결하자. 이 세상에서 똑똑하게 사는 것을 포기하라. 계산적으로 사는 것을 포기하라. 이 세상에서 성공하는 것이 바로 그런 것이라면 그것을 포기하자.

이 세상은 전적으로 악이 더 큰 악으로, 그리고 더 큰 악으로 발전해간다. 이 세상은 어떤 과정과 어떤 수단과 방법을 가리지 않고 살아도 무엇을 이루어내면 모든 것이 덮인다.

그러나 우리는 살아계신 하나님을 따르는 사람들이다. 우리에게 부어주시는 가장 큰 축복, 오늘 이 시대에 하나님으로부터만 받을 수 있는 축복은 사랑으로, 선으로 악을 이기는 것이다. 하나님께서 주시는, 하나님으로부터만 오는 그 축복으로 당신의 삶에서 구체적인 변화들이 이루어지기를 축복한다.

야곱
에서
이스라엘
까지

창세기 32장 24-28절

야곱은 홀로 남았더니 어떤 사람이 날이 새도록 야곱과 씨름하다가 자기가 야곱을
이기지 못함을 보고 그가 야곱의 허벅지 관절을 치매 야곱의 허벅지 관절이 그 사
람과 씨름할 때에 어긋났더라 그가 이르되 날이 새려 하니 나로 가게 하라 야곱이
이르되 당신이 내게 축복하지 아니하면 가게 하지 아니하겠나이다 그 사람이 그에
게 이르되 네 이름이 무엇이냐 그가 이르되 야곱이니이다 그가 이르되 네 이름을
다시는 야곱이라 부를 것이 아니요 이스라엘이라 부를 것이니 이는 네가 하나님과
및 사람들과 겨루어 이겼음이니라

벧엘에서 야곱은 하나님께서 쏟아부어 주시는 은혜, 저항할 수 없는 은혜를 체험했다. 자격이 없지만 거저 주시는 은혜를 체험한 야곱은 조금씩 바뀌어 가며 하나님의 뜻대로 살고 하나님의 역사를 붙잡으려고 노력했다. 그래도 자꾸만 옛 모습으로 돌아가는 모습을 볼 수 있었다.

속이는 사람이었던 야곱이 라반에게 속임을 당하며 쉽지 않은 20년을 보낸 후 드디어 하나님께서 야곱에게 집으로 돌아가라고 말씀하셨다.

그곳에는 아직도 야곱이 풀어내지 못한 어려운 숙제인 에서가 있다. 겉보기에는 많은 재산을 가지고 돌아가는 금의환향이지만, 목숨이 왔다 갔다 하는 문제를 안고 무거운 마음으로 가는 야곱을 목격한다.

아무리 천사가 곁에 있어도

야곱이 길을 가는데 하나님의 사자들이 그를 만난지라 야곱이 그들을 볼 때에 이르기를 하나님의 군대라고 하고 그 땅 이름을 마하나임이라 하였더라 창 32:1,2

야곱이 길을 가는데 하나님의 사자들이 그를 만났다. 천사들이 얼마나 많이 있는지 군대와 같다고 했다. 비슷한 부분이 마태복음 26장 53절에도 나온다.

너는 내가 내 아버지께 구하여 지금 열두 군단 더 되는 천사를 보내시게 할 수 없는 줄로 아느냐 마 26:53

예수께서 천사를 군대로 표현하신다. 군대를 이룬 하나님의 사자들이 야곱과 함께하며 그를 지키고 있다. 하나님께서 야곱과 함께하게 하시며 그를 보호해준다고 하신다. 그러나 야곱은 아직도 하나님께서 함께하시는 것을 바라보지 못하고 자신의 상황만을 바라보고 있다.

32장에 가장 많이 등장하는 단어는 '에서'다. 에서의 이름은 32장에 아홉 번 등장한다. 하나님께서 함께하심에도 불구하고 야곱은 에서만 보인다. 눈앞에 보이는 상황, 지금 겪고 있는 아픔, 아직도 해결되지 않은 눈앞의 문제만 보인다.

하나님은 "너를 홀로 보내지 않고 내가 너와 함께하겠다"라고 약속해주셨지만, 야곱은 그 약속을 잊어버리고 다시 자기 생각과 힘으로 문제를 해결하려고 한다. 그래서 선물과 여러 가지를 준비하지만 계속 불안하다.

야곱은 에서에게 잘못한 사람이다. 죄지으면 두렵다. 죄지으면 발 뻗고 못 잔다. 시간이 지나면 해결될 것 같지만 그렇지 않다. 죄는 우리를 무너뜨리고 흔들어 놓는다. 하나님의 보호하심으로 살려면 먼저 죄에서 벗어나고, 내 문제와 상황에 얽매이지 않아야 한다.

우리에게도 천사가 있고 보호하심이 있다. 그러나 나와 함께하며 동행하시는 하나님의 은혜가 있어도 문제와 상황 중심이 되면 하나님께서 함께하시는 것을 체험하지 못한다.

하나님께서 보내신 천사가 옆에 있어도,
내가 함께하시는 하나님을 바라보지 않고
문제와 상황과 나의 아픔만 바라본다면
하나님의 보호하심을 체험할 수 없다.

하나님께서 함께하시는 것을 체험하려면 하나님을 바라보아야 한다. 하나님만 바라보는 연습이 필요하다. 신앙은 체험으로 내 안에 쌓이지 않으면 그저 지식에 그칠 수 있다. 그 지식만으로는 위기를 벗어나지 못한다. 세상에서 해결책을 찾지 말고 사람과 힘에 의존하지 말고 하나님을 바라보자.

그가 사백 명을 거느리고 오더이다

야곱이 지금 바짝 쫄았다. 자신의 종들을 에서의 진영에 보내서 다음과 같이 전하게 한다.

> 너희는 내 주 에서에게 이같이 말하라 주의 종 야곱이 이같이 말하기를 내가 라반과 함께 거류하며 지금까지 머물러 있었사오며 내게 소와 나귀와 양 떼와 노비가 있으므로 사람을 보내어 내 주께 알리고 내 주께 은혜 받기를 원하나이다 하라 **창 32:4,5**

에서를 가리켜 그냥 "형님"이라고 안 하고 "내 주"라고 한다. 많이 겸손해졌다. 속여서 빼앗을 때는 언제인지, 목숨이 왔다 갔다 하니까 이제는 낮은 마음이 되어 주를 위하여 준비한 게 있다고 전한다. 그냥 빈손으로 오는 것이 아니고 형을 위하여 많은 것을 준비했다는 것이다.

그러자 에서 쪽 사람들이 야곱을 맞이하겠다며 나오는데, 문제는 남자가 400명이 오는 것이다. 그 말을 듣고 야곱은 절망한다. 남자답고 싸움도 잘하고 사냥도 잘하는 에서의 성정을 잘 아는 야곱이다. 그러면 에서의 사람 중에서도 싸움 잘하는 사람들이 오지 않겠는가?

'특공대가 오는구나.'

야곱은 이제 나는 죽었다고 생각한다. 지금 그의 곁에 천사들이 있다. 천사가 한 명만 와도 되는데 천사 군대가 와 있다. 그런데도 믿음이 없으면 안 보인다.

맞닥뜨린 문제로 망하는 것이 아니다. 문제는 그냥 문제일 뿐이다. 그러나 믿음이 없어서 보호하심조차 느끼지 못하는 것은 절망이다. 불신앙이요 하나님의 역사를 바라보지 못하는 삶이다. 상황을 탓하지 말고 믿음 없음을 회개해야 한다.

하나님을 붙잡고 있는가? 하나님께서 나를 보호하신다는 것을 진심으로 믿고 신뢰하고 있는가? 하나님께서 나와 함께 하신다는 것을 기억하지 못하고 아직도 나의 문제에서만 헤매고 있지는 않은가? 아직도 나의 상황, 나의 문제만을 가슴에 품고 헤매고 힘들어하며 살아가고 있지는 않은가?

비로소 기도를 붙잡다

이르되 에서가 와서 한 떼를 치면 남은 한 떼는 피하리라 하고

창 32:8

야곱이 두렵고 답답해서 오랜 생각 끝에 내린 결정은 "하나

님, 도와주세요"가 아니었다. "두 떼로 나눠라. 그러면 적어도 에서가 치지 않은 한 떼는 산다"였다. 그런데 그렇게 머리 썼던 야곱이 정말 두렵고 힘들어지니까 비로소 기도를 한다.

야곱이 벧엘에서 하나님을 만난 후 그의 삶에 하나님과 함께 하는 부분들이 있었지만, 그 만남 이후 성경이 기록한 야곱의 첫 번째 기도는 여기에 와서야 등장한다. 언제 야곱이 하나님 앞에 매달리는가? 죽을 것 같을 때다. 때로는 우리가 맞닥뜨리는 어려움과 문제들이 하나님을 붙잡게 하기도 한다.

이미 하나님은 사자들을 보내셨다. 그것은 이미 문제를 해결해주신 것이다. "내가 너를 도와주고 보호해줄게"라는 의미였다. 하나님을 신뢰하면 문제가 쉬워진다.

그러나 야곱은 그렇지 못했다. 너무 두려웠다. 자신의 방법과 능력으로 문제를 해결하려고 온 힘을 다 기울였지만 절망뿐이었다. 그러자 그는 그제야 기도하기 시작한다.

야곱만 그런가? 우리는 그렇지 않은가? 말로는 "하나님, 주님" 하지만 어떤 일이 벌어지면 내 마음대로 살고 해결하려 애쓰다가 정말 안 되고 목숨이 왔다 갔다 하면 그때에야 "주님! 주님!" 하지 않는가? 불신앙이다. 하나님 중심으로 살지 못하는 불신앙이다.

야곱이 또 이르되 내 조부 아브라함의 하나님, 내 아버지 이삭의 하나님 여호와여 주께서 전에 내게 명하시기를 네 고향, 네 족속에게로 돌아가라 내가 네게 은혜를 베풀리라 하셨나이다 나는 주께서 주의 종에게 베푸신 모든 은총과 모든 진실하심을 조금도 감당할 수 없사오나 내가 내 지팡이만 가지고 이 요단을 건넜더니 지금은 두 떼나 이루었나이다 내가 주께 간구하오니 내 형의 손에서 에서의 손에서, 나를 건져내시옵소서 내가 그를 두려워함은 그가 와서 나와 내 처자들을 칠까 겁이 나기 때문이니이다

창 32:9-11

야곱이 기도하는데 하나님 믿는 가정에서 커서 그런지 기도는 아주 제대로 한다(가정교육은 중요하다). 유대인의 기도는 먼저 하나님이 내 가정의 하나님이시라는 것을 말한다. 야곱도 "나의 할아버지, 아버지 그리고 나의 하나님"을 고백한다.

그리고는 자신이 아무것도 아니라는 것을 고백한다. 야곱은 큰 부를 이루어 다시 돌아온다. 그가 형의 것을 빼앗은 것은 유산 때문이었다. 돈 때문이었다. 그런데 지금 그보다 더 많은 돈을 가지고 돌아오는데도 그 돈이 나를 보호해주지도 못하고 나에게 평안을 주지도 못한다는 것을 알게 됐다.

"하나님! 저를 살려주십시오. 안 살려주시면 저 죽습니다."

야곱은 벧엘에서 하나님을 만났지만 지속적으로 하나님께 기도하면서 하나님을 붙잡고 살아가지 못했다. 벧엘에서 하나님을 만났지만 여전히 이리저리 치이며 살았다.

은혜를 받았지만 그 은혜대로 살지 못했고, 예배 속에서 주를 붙잡았지만 세상에서 이리 치이고 저리 치이며 살았다. 그럴 때도 하나님께서 보호하고 붙잡아주고 함께해주신다. 하나님을 온전하게 붙잡고 나아갈 때 일어나는 기적이 오늘도 일어난다.

문제와 상황에 얽매이지 말고 하나님을 바라보자. 하나님께서 야곱만 지키시겠는가? 우리도 지키신다. 걱정근심 하지 말고 목숨 걸고 기도하기 시작하자.

기도하면서도 머리를 굴리는 야곱

기도했으면 하나님께 맡겨야 하는데 또 야곱이 머리를 굴려서 뭔가를 한다. 밤을 지내고 그 소유 중에서 형 에서를 위하여 예물을 택하는데 그 예물이 많다. 화끈하게 많이 주는 것이다.

암염소가 이백이요 숫염소가 이십이요 암양이 이백이요 숫양이 이십이요 젖 나는 낙타 삼십과 그 새끼요 암소가 사십이요 황소 그리고 그 예물을 몰고 갈 종이 에서를 만나면 전할 말을 알려주는데 "주의 종 야곱의 것이요 자기 주 에서에게로 보내는 예물"(18절)이라고 말하라고 한다. "형님"이 아니고 "주인"이라 칭한다. "당신은 나의 주인이십니다. 이거 받으세요. 나는 당신의 종입니다" 이렇게까지 낮추고 형의 마음에 들기 위해서 애를 쓴다.

또 너희는 말하기를 주의 종 야곱이 우리 뒤에 있다 하라 하니 이는 야곱이 말하기를 내가 내 앞에 보내는 예물로 형의 감정을 푼 후에 대면하면 형이 혹시 나를 받아주리라 함이었더라 창 32:20

이렇게 선물을 드리면 형이 좀 풀려서 '아, 이놈이 정신을 차렸구나' 하고 마음이 풀려서 나를 받아주지 않을까 하는 마음으로 그렇게 했다.

20절을 읽으며 인간적으로도 이런 생각을 해보게 된다. 이렇게 할 것을 좀 일찍 했으면 어땠을까? 라반에게 가서 돈 벌 때마다 얼마씩 떼어 보내며 "형님, 죄송합니다. 제가 정신 차리고 있습니다. 지속적으로 보내겠습니다"라고 했으면 어땠을까.

회개와 사과는 빠를수록 좋다.

아마도 야곱의 인생 계획 속에 고향으로 돌아가는 일은 없었던 것 같다. 하나님께서 고향으로 가라고 말씀하지 않으셨다면 제3의 장소로 갔을 가능성이 크다. 라반은 떠나고 싶고 여기는 오기 싫고, 그래서 자기가 번 돈으로 다른 지역을 선택하여 잘 먹고 잘살고 싶었을 것이다.

인생살이 마음대로 안 되고 계획대로 안 되기에 우리는 절대적으로 하나님이 필요한 존재다. 그럼에도 불구하고 또 내 생각과 내 힘과 내 방법으로 문제를 해결하려고 한다.

아브라함은 하나님의 약속을 기다리지 못하고 자신의 방법으로 아이를 낳고는 그것이 하나님의 뜻인 줄 알았다. 야곱은 기도했지만, 기도하면서 하나님을 신뢰하고 적극적으로 붙잡는 것이 아니라, 기도하면서도 자신의 경험과 돈과 능력으로 문제를 해결하려고 했다.

기도하면서 범하는 가장 큰 실수는
나의 능력과 최선이 하나님의 뜻인 줄 아는 것이다.
하나님이 행하시는 것을 기다리는 것이 믿음이다.
하나님의 때에 역사가 일어나는 것을 믿어야 한다.

믿음은 하나님 앞에서 하나님의 뜻과 하나님의 역사가 일어나는 것을 기다리는 것이다. 하나님께서 행하시고 문제를 해결하시기를 기다리는 것이다.

그것이 쉽지 않지만, 기도했으면 기다려라. 답답해도 기다리고 절대 내 힘으로 주님의 일을 행하려 하지 말라. 벧엘로 돌아가자. 내 힘으로 사는 것을 포기하고 벧엘에서 만난 주의 은혜로 살아가자.

씨름의 승자

밤에 일어나 두 아내와 두 여종과 열한 아들을 인도하여 얍복 나루를 건널새 그들을 인도하여 시내를 건너가게 하며 그의 소유로 건너가게 하고 창 32:22,23

야곱의 인생을 자세히 보면 대개 밤에 움직인다. 자신만 밤에 다니는 것이 아니고 가족과 심지어 가축도 밤에 다니게 한다. 죄 때문에 두려운 것이다.

모두 다 먼저 보내고 홀로 남은 야곱이 어떤 생각을 했을까? '나는 잘못 살았다. 내가 형의 집에도 못 가고 아버지 집에도 못 가는 그런 인생이구나. 내가 유산만 쟁취하면 다 이룰 줄 알고 해결될 줄 알았는데 내 꼴이 이게 뭐냐!'

이런 생각을 하고 있을 때 하나님께서 또 사자를 보내신다. 우리가 너무 잘 아는 야곱의 씨름 이야기가 등장한다. 꼭 붙잡고 늘어지는 씨름이 시작된다.

야곱은 홀로 남았더니 어떤 사람이 날이 새도록 야곱과 씨름하다가 창 32:24

야곱은 목숨 걸었다. 목숨 걸고 '이분이 나의 문제를 해결해 주지 않으면 나는 끝장이다. 어차피 에서한테 끝장나나, 여기서 이 사람에게 끝장나나 똑같다' 하고 붙잡았다. 어쩌면 야곱의 인생에서 처음으로 간절하고 진지하다. 진짜 문제를 맞닥뜨렸기 때문이다.

때로는 내 힘으로 해결할 수 없는 문제를 통해서 크신 하나님의 은혜를 체험한다. 대체적으로, 잘 나가고 건강하고 좋을 때 예수 믿은 사람은 거의 없다. 병이 났거나 망했거나 문제가 터졌을 때 예수 믿는 사람이 많다.

야곱이 붙잡고 늘어진다. "나의 힘으로 살았습니다. 내 머리로 살았습니다. 내 돈으로 살았습니다. 그런데 안 도와주시면

저 죽습니다. 저는 아무것도 아닙니다"라고 고백한다.

아더 핑크는 "이 씨름은 야곱이 이기는 과정의 씨름이 아니라 야곱이 '내가 아무것도 아니다'라고 고백하는 시간이다. 내가 이기는 씨름이 아니라 '내가 아무것도 아니다'라고 고백하는 시간이 내가 사는 시간이다"라고 말했다.

자기가 야곱을 이기지 못함을 보고 그가 야곱의 허벅지 관절을 치매 야곱의 허벅지 관절이 그 사람과 씨름할 때에 어긋났더라

창 32:25

"나를 도와주십시오. 날 도와주지 않으시면 난 죽습니다."

그렇게 목숨 걸고 붙잡고 있는 야곱의 허벅지 관절을 천사가 친다. 무릎 아래 뼈는 다쳐도 몇 달 안에 회복되는데 허벅지 위의 뼈가 어긋나면 굉장히 아프고 회복도 한참 걸려서 운동하는 사람들도 긴 시간을 쉬어야 한다. 거기를 친 것이다.

그다음부터 야곱이 절뚝거린다. 상식적으로 생각해보자. 천사는 똑바로 걷고 야곱은 절뚝거린다. 누가 이긴 것인가? 우리는 쉽게 야곱이 이겼다고 생각한다. 야곱이 이기기는 뭘 이겼는가? 사실은 천사가 이긴 경기다.

그런데 성경에는 "네가 하나님과 및 사람들과 겨루어 이겼음

이니라"(28절)라고 쓰여 있다. 누가 이겼는가? 야곱이다. 절뚝거리는 것은 야곱인데 그 야곱이 이겼다는 것이다.

나는 아들만 둘이다. 아들 키우는 아버지는 아이들과 레슬링을 많이 한다. 아이들이 어릴 때 씨름하고 레슬링을 하면 누가 이길까? 항상 아이들이 이긴다. 아이를 이기는 아버지는 없다.

그런데 놀랍게도 아이들은 진심으로 자신의 힘으로 이겼다고 생각한다. 눈빛을 보면 알 수 있다. 아버지가 져준 줄을 모르고 진지하게 이겼다고 생각한다.

천사는 하나님의 뜻대로 하나님의 명대로 일하는 자다. 그러니 하나님께서 무엇을 원하신 것인가? 야곱에게 져주고 싶어 하신 것이다. 축복하고 싶어 하시는 것이다.

"어쨌든 너는 내 새끼다. 내가 너를 축복한다. 내가 너를 붙잡아주고 너와 함께한다."

우리에게 져주고 싶어 하시는 하나님의 사랑, 축복해주고 싶어 하시는 하나님의 사랑이 십자가에 달려 돌아가시면서 "너는 나보다 귀하다" 표현하신 예수 그리스도의 사랑이다.

예수 그리스도께서 "너희가 나보다 귀하다" 표현하시며 십자가를 지셨다. 인간들이 마음대로 자신의 머리만 믿고 물질만 믿고 능력만 믿고 살 때도, 그저 사랑하시고 져주셨다.

야곱이 죽게 되니까 "주님!" 하며 붙잡을 때도 "이놈아, 이제 정신 차렸냐?"가 아니라 "이제라도 돌아왔으니 됐다, 정신 차렸으니 됐다" 하시는 하나님의 놀라운 은혜와 사랑이 지금 당신과도 함께하신다.

네 이름이 무엇이냐

그 사람이 그에게 이르되 네 이름이 무엇이냐 그가 이르되 야곱이니이다 창 32:27

"너 이름이 무엇이냐?" 묻는다. 기억나는 장면이 있다. 전에 누가 야곱에게 이렇게 물었었다. 이삭이다.

야곱이 그 아버지 이삭에게 가까이 가니 이삭이 만지며 이르되 음성은 야곱의 음성이나 손은 에서의 손이로다 하며 … 이삭이 이르되 네가 참 내 아들 에서냐 그가 대답하되 그러하니이다
창 27:22,24

그리고 이제 얍복 강가에서 하나님께서 다시 물으신다.
"너 이름이 뭐냐?"

아버지를 속인 후로 그는 에서로도 못 살고 야곱으로도 못 살았다. 에서는 에서가 아니기 때문에 못 살았고 야곱은 자신이 부인한 이름이기 때문에 못 살았다. 그렇게 20년을 살다가 얍복 강가에서 주님께 항복하면서 처음으로 야곱이 진심으로 하나님 앞에 자기 자신을 내어놓는다.

"발꿈치 잡는 야곱입니다. 주님! 저 나쁜 놈 야곱입니다. 사기 치는 놈 야곱입니다."

그 20년 동안 벧엘의 은혜가 있었고 동행하고 함께하시는 하나님의 은혜가 있었지만, 마지막까지도 자기 힘으로 문제를 해결하려고 했던 야곱. 하지만 그 시간에도 그렇게 사는 야곱을 주님이 이렇게 축복하신다.

그가 이르되 네 이름을 다시는 야곱이라 부를 것이 아니요 이스라엘이라 부를 것이니 이는 네가 하나님과 및 사람들과 겨루어 이겼음이니라 창 32:28

"네 이름이 뭐냐?"
"저 야곱입니다."
"아니, 너 이제 야곱 아니다!"
"저는 절망스러운 인간 야곱입니다. 하나님이 그리 축복해주시고 함께해주셔도 모르는 야곱입니다."

"아니다, 너는 이스라엘이야!"

새 이름의 축복

하나님은 야곱뿐만 아니라 우리에게도 새로운 이름을 주셨다. '성도'라는 새로운 이름을 주셨다. 하나님의 자녀로 삼아주시고 악에서 의(義)로 새로운 길을 허락하셨다.

"너 이름이 뭐냐?"

"하나님의 자녀입니다."

세상의 악한 죄인이던 우리를 하나님의 자녀가 되게 하셨고, 갈 길 모르고 마음대로 사는 인생을 거룩한 길로 걷게 하셨다. 예수 그리스도께서 십자가에 달리고 돌아가심으로 우리에게 그 놀라운 은혜가 형성되었다.

나폴레옹 장군이 승승장구하며 전쟁하고 있을 때 전쟁터에서 너무 무서워서 도망갔던 한 병사가 잡혀 왔다. 나폴레옹이 화를 내면서 그에게 물었다.

"너, 이름이 뭐냐?"

"나폴레옹입니다."

"아니, 내 이름 말고 네 이름이 뭐냔 말이다!"

"송구스럽지만 저도 나폴레옹 가문입니다."

그때 나폴레옹이 진노하며 말했다.

"너의 이름을 바꾸든지 너의 인생을 바꿔라!"

우리는 마지막 시대에 진정한 교회가 되고 성도로 살아가는 영광스러운 부르심을 받았다. 마지막 때에 진정한 하나님께서 원하는 성도로서 살아가는 이 자리에 부르심을 받았다.

그리스도인으로 행동하든지 이름을 바꾸라.

성도로서 제대로 살아내든지 이름을 바꾸라.

십자가를 지고 주님을 따라 거룩한 길을 걷든지

아니면 이름을 바꾸라.

물론 우리는 야곱과 같아서 매번 쓰러지고 매번 배신한다. 그러나 주 안에 있는 것은 주 밖에 있는 것과 다르다. 하나님은 오늘도 우리를 사랑하시며 축복하기 원하신다. 야곱을 이스라엘로 바꾸신 것처럼 우리와 같은 죄인을 의인으로 칭해주신다.

그 하나님 앞에 어떤 삶으로 나아가야 할까? 어떠한 선택을 하면서 어떠한 인생을 살아내야 하겠는가? 당신의 이름은 무엇인가? 당신은 성도다. 당신에게는 믿음이 있다. 그러면 그것을 붙잡고 살아가라.

여호와께서 유다와 논쟁하시고 야곱을 그 행실대로 벌하시며 그
의 행위대로 그에게 보응하시리라 야곱은 모태에서 그의 형의 발
뒤꿈치를 잡았고 또 힘으로는 하나님과 겨루되 천사와 겨루어
이기고 울며 그에게 간구하였으며 하나님은 벧엘에서 그를 만나
셨고 거기에서 우리에게 말씀하셨나니 호 12:2-4

야곱이 저지른 대로 대응하지 않으시고 그가 이기도록 축복
하고 싶으셔서 그 와중에도 보호하시며 그를 인도하신 하나님
께서 당신의 인생도 책임지신다.
　새로운 이름을 기억하고 새로운 소명과 삶으로 하나님의 사
람답게 살아가자. 하나님의 사람답게 선택하자. 하나님의 사
람답게 이겨내자. 하나님의 사람은 어떻게 이 땅을 살아가는지
고민하고 하나님의 사람이 모여 하나님의 교회를 이룰 때 어떤
일들이 벌어지는지 기대하며 하나님 앞에 쓰임 받는 그 한 사람
이 되자.

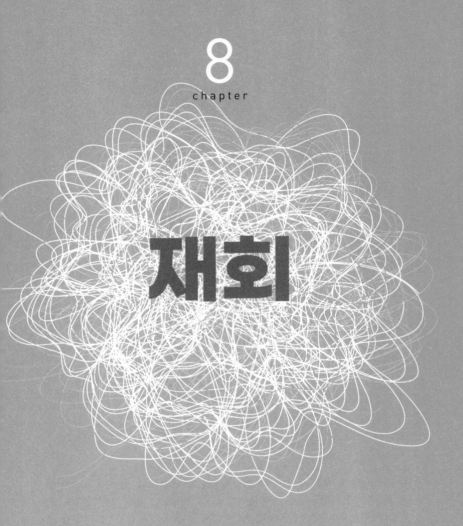

8
chapter

재회

창세기 33장 1-4절

야곱이 눈을 들어보니 에서가 사백 명의 장정을 거느리고 오고 있는지라 그의 자
식들을 나누어 레아와 라헬과 두 여종에게 맡기고 여종들과 그들의 자식들은 앞에
두고 레아와 그의 자식들은 다음에 두고 라헬과 요셉은 뒤에 두고 자기는 그들 앞
에서 나아가되 몸을 일곱 번 땅에 굽히며 그의 형 에서에게 가까이 가니 에서가 달
려와서 그를 맞이하여 안고 목을 어긋맞추어 그와 입맞추고 서로 우니라

벧엘에서 아버지와 할아버지의 하나님이 나의 하나님 되는 인생의 전환점을 맞았던 야곱이 얍복 강가에서 두 번째 전환점을 만난다. 자신을 축복하고 함께해주기 원하시는 주님에게 항복하면서 다시 한번 새로운 변화가 시작된 것이다.

하나님께서 돌아가라 하셔서 돌아가지만 가고 싶지 않은 길을 가던 야곱. 만나고 싶지 않았던 에서를 만나는 야곱의 모습에서 그에게 일어난 두 가지 변화를 볼 수 있다.

맨 앞에서 나아가는 야곱

야곱이 눈을 드니 에서가 400명의 장정을 거느리고 오고 있었다. 그들은 그저 400명의 남자 종들이 아니고 무장한 사람들, 즉 무기를 가지고 있는 군대를 의미한다. 그때는 족속마다 자신들을 보호하는 군대가 있었다. 에서가 그런 군사 400명을 데리고 오니 사실상 야곱은 절망이다.

야곱이 가족들을 순서대로 세운다. 야곱은 이런 면에서는 참 솔직했던 것 같다. 자신의 삶 속에 우선순위를 분명하게 드러낸다. 여종들을 먼저 세우고 여종들의 자식들을 세우고 레아와 그의 자식들을 다음에 두고 자신이 가장 사랑했던 라헬과 요셉을 맨 뒤에 뒀다.

아직은 막내 베냐민을 낳기 전이다. 라헬이 막내를 낳으면서 죽으니까 지금은 11명의 자식이 있을 때인데 10명의 자식을 앞에 세우고 한 명만 뒤에 세운다. 라헬과 레아는 사이가 좋아질 수가 없다. 비슷하게 같이 서라고 하면 되는 것을 남편이 꼭 너는 여기 서고 너는 뒤에 서라고 하니 말이다.

그렇게 세우고 야곱이 처음으로 맨 앞에 나간다. 야곱은 지금껏 단 한 번도 책임을 지거나 가장답게 책임지는 모습을 보여준 적이 없다. 그는 항상 누구의 앞에 간 적이 없이 식구들을 먼저 보내고 뒤에 혼자 남든지 밤에 움직이곤 했다. 그런 야곱이 책임지는 모습을 처음으로 보인다.

자기는 그들 앞에서 나아가되 몸을 일곱 번 땅에 굽히며 그의 형에서에게 가까이 가니 **창 33:3**

야곱의 인생에는 두 번의 전환점이 있었다. 첫 번째 전환점은 벧엘의 하나님을 만나 나의 하나님으로 붙잡은 것이다. 이삭의 하나님, 아브라함의 하나님이 나의 하나님으로 전환되는 변화를 맛보았다. 두 번째 큰 전환점은 얍복 강가에서 주를 붙잡고 목숨 걸고 씨름하는 것이었다.

두 번의 영적 전환점을 통해서 야곱에게 일어난 첫 번째 변화는 책임을 지기 시작한 것이다. 자신이 맨 앞에서 나아가기 시작한 것이다. 지금까지는 '남자가 이렇게 치사할 수가 있나' 할 정도였는데 이제는 앞장서기 시작한다.

하나님을 만난 사람에게서 가장 핵심적으로 드러나는 모습은 바로 책임지는 모습, 책임감 있는 모습이다. 직장과 사회에도 책임을 지고, 교회에도 신앙에도 책임지는 인생을 살기 시작한다. 성도는 책임져야 한다. 나의 일터, 가정, 나라와 민족에 책임감을 지니고 살아야 한다.

자신을 낮추고 굽히는 야곱

두 번째 변화는 에서를 만나기 전에 몸을 일곱 번이나 땅에 굽히는 모습에서 나타난다. 야곱은 그동안 형을 형으로 여기고 인정해본 적이 없는 인생이었다. 발꿈치를 잡는 인생이었고 장자권을 사기 쳐서 빼앗는 인생이었다. 그런데 그런 그가 형을 주님과 같이 대하고 일곱 번이나 절을 한다. 처음으로 형에게 자신을 낮춘 것이다.

자신을 낮추는 모습은 에서를 만난 후에도 나타난다. 에서를 만나 나눈 대화에 계속해서 등장하는 말이 "형님"(3, 10, 11절)이다. 10절에는 "형님"이 세 번이나 거듭된다. 또 한 단어는

"주"(5, 13-15절)다. 형을 계속 "형님"과 "내 주"라고 지칭한다.

"하나님이 주의 종에게 은혜로 주신 자식들이니이다"(5절)
"내 주께 은혜를 입으려 함이니이다"(8절)
"내가 형님의 눈앞에서 은혜를 입었사오면 청하건대 내 손에
서 이 예물을 받으소서 내가 형님의 얼굴을 뵈온즉 하나님의
얼굴을 본 것 같사오며 형님도 나를 기뻐하심이니이다"(10절)
"청하건대 내가 형님께 드리는 예물을 받으소서"(11절)
"내 주도 아시거니와… 내 주는 종보다 앞서 가소서… 나로
내 주께 은혜를 얻게 하소서"(13-15절)

별것 아닌 존재로 우습게 여기고 사기 쳐서 장자권을 빼앗았
던 그 상대에게, 하나님을 만난 후 야곱에게 나타나는 또 하나
의 변화는 '낮아짐'이었다.

은혜를 받으면 야곱처럼 두 가지 변화가 생긴다. 책임지는
신앙을 갖게 되고 낮아지는 신앙을 갖게 된다. 은혜받은 사람
은 절대로 가볍게 살거나 소홀히 여기지 않고 군림하려 들지 않
는다.

우리 삶에도 전환점이 있다. 모든 인생 속에 전환점이 있다.
겉으로 보면 다 멀쩡해 보여도 마주 앉아 이야기해보면 그 속

에 온갖 어려움과 아픔, 태풍과 풍랑을 지나온 그런 인생의 전환점들이 있다. 그 시간에 만나고 경험한 은혜를 끝까지 잘 붙잡아야 한다.

화해의 기쁨

두 사람이 끌어안고 울며 재회하면서 가장 놀란 사람은 두 사람 자신이다.

'내가 왜 이 녀석을 끌어안고 있지?'

'형이 나를 용서해주나?'

그래도 너무너무 좋으니까 이런 대화를 나눈다.

에서가 또 이르되 내가 만난 바 이 모든 떼는 무슨 까닭이냐 야곱이 이르되 내 주께 은혜를 입으려 함이니이다 에서가 이르되 내 동생아 내게 있는 것이 족하니 네 소유는 네게 두라 야곱이 이르되 그렇지 아니하니이다 내가 형님의 눈앞에서 은혜를 입었사오면 청하건대 내 손에서 이 예물을 받으소서 내가 형님의 얼굴을 뵈온즉 하나님의 얼굴을 본 것 같사오며 형님도 나를 기뻐하심이니이다 창 33:8-10

야곱이 앞서 선물을 먼저 보냈다. 에서가 "이거 무슨 선물이냐. 내게 있는 것도 족하다. 나는 괜찮다. 너 가져라" 하니 야곱이 "아닙니다. 형님. 저를 용서해주시는 거면 제발 받아주세요" 한다.

이것은 대단한 일 아닌가? 돈에 욕심내지 않는 사람이 어디 있는가. 그런데도 형은 거절하고, 동생은 그런 형을 만류하여 어쩔 수 없이 받게 한다.

게다가 야곱은 "형님의 얼굴을 뵙는 것이 하나님의 얼굴을 뵙는 듯합니다"(10절, 새번역)라고 말한다. 우리는 모두 하나님의 형상으로 지으심을 받았다. 그래서 우리 삶 속에는 하나님의 형상이 나타나야지 악마의 형상이 나타나면 안 된다. 하나님은 우리가 사람들을 대할 때 주께 하듯 하기를 원하신다.

하나님께서 원하시는 것은
하나님의 형상을 가지고 태어난 우리가
누군가를 대할 때 그의 인격을 존중하면서
그를 하나님 대하듯,
그에게 예수 그리스도께 하듯 하는 것이다.

우리는 공동체 안에서 함께 웃고 울며 함께 슬픔과 기쁨을 나눈다. 공동체 안에서 서로에게 책임이 있다. 그래서 사랑으로 책망도 하고 권면도 하면서 서로를 대하여 공동체적 책임을 지며 살아간다.

공동체적 책임 속에서 중요한 일은 사람을 세우는 일과 서로를 대할 때 주께 하듯 하는 것이다. 예수님께 하듯 섬기며 서로 사람을 세워가는 것이다. 그것이 공동체이고 진짜 교회다.

에서는 어떤 마음으로 왔을까

에서가 달려와서 그를 맞이하여 안고 목을 어긋맞추어 그와 입 맞추고 서로 우니라 창 33:4

에서가 야곱을 끌어안고 꺼이꺼이 울면서 재회한다. 왜 에서가 야곱을 용서하는지, 왜 에서가 야곱을 끌어안고 우는지 우리는 알 수 없다. 성경에 나와 있지 않으니 에서가 정말 죽이자는 마음으로 왔는지 어떤 마음으로 왔는지는 알 수 없다.

어떤 신학자는 야곱이 얍복 강가에서 허벅지 관절을 다치고 절뚝발이가 되어 절뚝절뚝 걸어오며 살겠다고 절하는 모습을 보고 에서에게 불쌍한 마음이 들지 않았을까 한다.

동의하지 않는다. 그 당시 장자권은 이미 돈의 문제만이 아니다. 무기를 든 400명의 장정을 이끌고 오는 모습이 화해와 용서의 모습은 분명히 아니다.

에서에게 어떤 마음의 변화가 있었는지, 어떤 생각에서 그랬는지 나타나지는 않지만 분명하게 붙잡을 수 있는 한 가지는 얍복 강가에서 약속하신 하나님께서 역사하셨고 분명 하나님의 개입이 있었다는 것이다.

싸움, 하면 에서였다. 자신을 속이고 도망간 야곱을 용서하지 못하고 배신감을 품고 있던 에서는 400명의 장정을 이끌고 나온다. '야곱, 네가 여기가 어딘 줄 알고 오느냐? 너는 한주먹도 안 된다' 하며 열심히 달려온다.

그러나 그의 마음을 만지는 분이 계셨다. 야곱을 불쌍히 여기신 하나님께서 에서의 마음도 만지기 시작하셨다. 그 자리에서 야곱을 바라보고 끌어안고 아무 말 없이 끌어안고 울고 화해하는 것은 얍복 강가에서 하나님께서 주신 약속의 열매다.

글로 읽으니까 별로 피부에 와닿지 않아서 그렇지, 칼을 들고 "저 놈 죽여버린다" 하고 왔다가 막 끌어안고 꺼이꺼이 운다는 게 사실 말이 안 되는 일 아닌가.

에서가 어떤 심정 변화로 야곱을 불쌍히 여기게 되었거나 야곱이 일곱 번 굽히고 절을 함으로써 변화가 일어난 것이 아니라 하나님께서 분명히 이 일에 개입하시고 야곱을 붙잡아주신 것이다.

하나님께서 행하셔서 에서의 마음을 바꾸시고 이 상황에 임재하셨다는 것을 우리는 분명히 알 수 있다. 이 일은 하나님의 절대적인 역사이고 하나님의 절대적인 임재와 축복이다. 하나님의 보호하심이며 하나님의 주인 되심이다.

하나님은 약속을 지키신다. 아무리 절망하고 한숨 지어도 우리는 해결할 수 없지만 하나님은 행하시고 우리와 함께하신다. 하나님의 약속을 기억하라. 어떤 상황과 관계 속에서도 하나님은 기적을 이루어가신다.

기적과 같이 문제가 해결되자마자

하나님께서 네 고향으로 돌아가라 하시니 두렵지만 돌아왔다. 에서에게 잡혀서 죽을 것 같으니까 얍복 강가에서 나를 살려달라, 축복해달라며 붙잡고 매달렸는데 뜻밖에도 형과 화해를 했다. 절대로 풀 수 없는 문제 같았는데 해결됐다.

이렇게 재회하고 화해를 하다니 이것은 기적이다. 상상도 할 수 없었다. 하나님이 살려주셨다. 하나님이 역사하셨다. 그런데 그 이후 야곱이 하는 모습을 한번 보자. 문제가 해결된 다음에 그가 선택한 방법을 보고 경악하지 않을 수 없다.

청하건대 내 주는 종보다 앞서 가소서 나는 앞에 가는 가축과
자식들의 걸음대로 천천히 인도하여 세일로 가서 내 주께 나아
가리이다 에서가 이르되 내가 내 종 몇 사람을 네게 머물게 하리
라 야곱이 이르되 어찌하여 그리하리이까 나로 내 주께 은혜를
얻게 하소서 하매 이날에 에서는 세일로 돌아가고 야곱은 숙곳
에 이르러 자기를 위하여 집을 짓고 그의 가축을 위하여 우릿간
을 지었으므로 그 땅 이름을 숙곳이라 부르더라 창 33:14-17

에서가 "어서 고향으로 가자" 하니 야곱이 "아, 형님. 저희가
여기까지 오느라고 너무 지쳤습니다. 천천히 가겠습니다. 세일
로 곧 가겠습니다. 형님 먼저 가세요"라며 만류한다.
　에서가 "그러면 내 종들을 붙여줄게" 하자 "아닙니다. 저희
들이 천천히 가겠습니다. 먼저 가세요"라며 다시 한번 형을 만
류하고는 숙곳으로 간다. 14절에 세일로 가겠다고 자기 입으
로 얘기해놓고 왜 다른 데로 간 것일까?
　또다시 자신의 꾀를 돌린 것이다. 아무리 생각해봐도, 지금
은 화해했지만 고향에 가면 다 형님 사람인데 사람들이 이렇게
저렇게 얘기하고 또 저놈 놔두면 안 된다고 하면 어쩌나, 나를

보호해줄 사람이 없는데 혹시 분위기 바뀌면 어떻게 될까 걱정스러운 것이다.

그런 걱정으로 다른 곳으로 가서 장막을 치는 야곱의 모습은 이 문제의 해결이 자신의 노력으로 된 것이 아니고 하나님께서 행하셨음을 잊었다는 것을 보여준다.

그가 해결할 수 없는 문제를 하나님께서 해결해주셨다. 자신이 무엇을 어떻게 해서 보호받은 것이 아니라 하나님의 보호하심이라는 놀라운 기적이 있었다. 그런데도 자기 생각에 숙곳에 머무는 것이 낫겠다는 계산이 서자 세일로 가지 못하는 것이다.

하나님께서 보호해주셔서 위험에서 벗어났는데, 하나님께서 지켜주셔서 에서의 400명의 군대를 만나고도 싸움 한 번 안 하고 화해하고 관계가 회복되었는데 그 문제가 해결되니까 이제 다시 내 힘으로 살아보겠다, 다시 내 뜻대로 살아보겠다 하는 죄악의 본성이 드러나는 것이다.

우리는 너무도 빨리 옛 모습으로 돌아간다

꼭 우리 같지 않은가? 문제가 터지면 하나님 앞에 기도하고 도와달라고 하고 그 문제가 없어지면 내 마음대로 살다가 문제가 또 터지면 또다시 매달리는 모습이.

문제가 터지면 누구든지 기도한다. 어려운 일이 터졌을 때 기도 안 하는 사람이 있는가. 다들 기도하며 하나님의 도움을 요청한다. 그런데 그 문제가 해결된 후 나의 태도는 어떠한가. 고통이 지나간 후 내 삶은 어떤 삶인가. 그때의 내 모습이 진짜 나의 믿음이다.

하나님은 야곱에게 져주기 원하셨다. 그를 다시 받아주시며 보호하고 복 주기 원하셨다. 하나님께서 그렇게 그와 함께하셨는데도, 문제가 지나가자 하나님은 없고 또 예전과 똑같은 야곱만 존재한다.

어떻게 야곱이 이럴 수가 있는가. 바로 전날 얍복 강가에 있었는데. 하나님께서 역사하신 것인데도 불구하고, 야곱은 문제가 해결되자마자 잔꾀를 사용하는 옛 모습으로 바로 돌아간다. 내가 해결할 수 없는 문제가 해결된 후 다시 내 생각과 계획으로 살려고 하는 잘못을 저지른다.

벧엘의 하나님을 만나고 얍복 강가의 하나님도 만났지만, 인생에 전환점도 있었지만, 문제가 해결되고 나면 또다시 잔꾀를 사용하는 본성이 여전히 그에게 있다.

이 모습이 우리의 모습은 아닌가? 내가 어찌할 수 없는 문제와 고통이 하나님의 능력으로 해결된 후에, 정말 이것만 해결해주시면 감사하겠다고 외쳤던 그 기도가 놀랍게 응답받고 난 후에 우리가 가장 많이 저지르는 죄가 무엇인지 아는가?

옛 본성으로 돌아가는 것이다. 다시 잔꾀를 부리는 것이다. 놀라운 일들이 지나가고 하나님의 역사가 있고 난 후에 다시 내 마음대로, 내가 원하는 대로, 내가 하던 대로 사는 것이다.

나를 위해 십자가를 지고 피 흘리시고
3일 후에 부활하셔서 사망 권세 이기고
우리를 하나님의 자녀 삼아주신 예수 그리스도.

그분 앞에 수없이 결단하고 수많은 헌신을 약속하고
그리고 쉽게 잊고 내 마음대로 살고 있는 내 모습…

얍복 강가에서 그렇게 밤새 씨름한 것이 중요한 게 아니다. 얍복 강가에서는 누구든지 그 천사 붙잡고 그렇게 씨름한다. 왜? 지금 400명이 나 죽인다고 내려오고 있으니까.

이 문제가 해결되기 원하고 절대적으로 하나님이 필요할 때는 하나님을 붙잡지만, 문제가 해결되고 나면 또다시 내 생각대로 내가 원하는 대로 살고 싶어 하는 본성이 우리 모두에게 있다.

왜 우리는 어렵고 힘든 산더미같이 내가 해결할 수 없는 문제가 내 앞에 닥칠 때는 하나님께 기도하면서도 그 문제가 지나가면 하나님의 은혜는 그렇게 쉽게 잊고 다시 내가 원하고 바라던 대로 행하던 대로 돌아가는 것일까?

그것은 심각하게도 영적으로 주님을 붙잡기보다 내 마음, 내 생각대로 살고 싶은 욕구가 훨씬 더 강하기 때문이다. 내가 원하는 것을 하고 싶고, 내 뜻대로 살고 싶고, 내 경험을 의지하고 내 잔꾀를 사용하여 살고 싶어 한다. 그리고 그 순간 하나님을 잊는다. 교만이 하늘을 찌른다.

은혜를 받아도 항상 은혜 안에서 사는 것 아니다. 말씀을 붙잡는다고 항상 말씀 안에서 사는 것이 아니다. 항상 깨어 있지 않고, 주인 되신 예수 그리스도를 붙잡지 않으면 우리는 너무도 빨리, 한순간에 옛 모습으로 돌아간다.

은혜로 사람이 변하지 않는다

벧엘에서 하나님을 만났고 얍복 강가에서 주님과 씨름하고 자신에게 가장 큰 문제였던 에서가 해결됐는데 야곱은 형님에게 "제가 세일로 가겠습니다. 먼저 가 계세요"라고 죄의식도 없이 또다시 거짓말하고는 숙곳으로 간다.

치명적이다. 며칠 전에 실제로 천사와 씨름을 했던 야곱도 이렇게 쉽게 변하는데 영적으로 붙잡힘 당하지 않고 살아가면 얼마나 내 마음대로 살아가겠는가?

야곱에서 이스라엘로 변했는데도 이런데 아무렇게나 예배드리고 적용이나 순종, 십자가의 말씀 없이 거한다면 심각한 영적 파탄을 겪을 수밖에 없다. 십자가 보혈의 능력으로 온전하게 순종하고 주인 되신 예수 그리스도를 따르는 분명한 결단이 없으면 자기중심적으로 살 수밖에 없다.

교회 다니고 은혜받는다고 변화되지 않는다. 하나님을 붙잡지 않고 말씀에 순종하지 않으면 마음대로 살려는 나의 본능이 지배한다. 그 본능은 쉽게 죽지 않는다.

야곱의 모습을 보며 한순간도 깨어 있지 않으면 말씀대로 살지 못한다는 것을 인정할 수밖에 없다. 사탄의 역사는 하나님의 은혜를 막는 것이 아니다. 사탄 주제에 어찌 하나님의 은혜를 막을 수 있겠는가? 그러나 사탄은 집중한다. 은혜받은 성도가 하루속히 그 은혜를 잊고 자기중심적으로 사는 것에.

죽음을 맞닥뜨려도 소망을 가질 수 있는 천국 시민의 은혜를 받고서도 계속 이 땅의 가치로 끌려다니는 것은, 인정하고 싶지 않을 수도 있겠지만, 아직도 '하나님 없이도 살 수 있다'라는 교만이 내 안에, 내 생각의 저변에 깔려 있기 때문이다.

하나님은 매번 은혜를 주시고 만져주신다. 하나님의 말씀이 매 주일 선포되어 우리에게 주어진다. 예배도 있고 은혜도 있고 내 문제 속에 하나님께서 거하고 임재하셨던 체험도 있다. 우리의 문제는 그런 것이 없어서가 아니다.

우리 안에 있는 가장 큰 죄악은 예배하지 않는 죄가 아니고 무엇을 하지 않는 죄도 아니다. 가장 큰 문제는 항상 나 자신이다. 기도하고 QT하고 예배를 드리지만 내 안에 아직도 싸워야 하는 존재는 내가 원하는 대로 사는 것에 대해 죄책감이 없는 나 자신이다.

하나님께서 지금 함께 계시는데 죄악을 선택하고 마음대로, 아무렇게나 내 꾀와 경험으로 선택하여 가는 길이 바로 죄악이라는 것을 깨달아야 한다.

얍복 강가의 은혜만큼 놀라운 은혜, 쉽게 받을 수 있을까? 그러나 사람은 놀라운 기적을 맛봤다고 변하지 않는다. 변화는 매일매일 내 삶 속에서 내가 아니라 하나님이 중심되시는 결단과 적용을 통해 일어난다. 그것은 의지적으로 나를 쳐서 복종시켜야 한다.

진짜 신앙, 진짜 기독교

어떻게 믿음을 붙잡고 신앙생활을 해야 할까. 어떻게 해야 신앙이 진짜가 될까. 신앙은 내 삶이 내 것이 아니며 하나님이 나의 주인이요 주권자 되신다고 인정하는 데서 시작된다. 나의 주인 됨과 나의 원함을 포기하고 내 주인은 하나님이심을 인정하며 하나님이 원하시는 것을 붙잡아야 하나님의 역사가 내 삶속에 일어나게 된다.

하나님을 믿는다는 것, 하나님을 인정한다는 것이 무엇인가? 하나님을 믿는다는 것은 "하나님만 하나님이시고 나는 아니다", "하나님만이 주인이시고 나는 주인이 아니다"라는 것이다. 이는 "나는 내 뜻대로 살지 않겠다", "내 마음대로 살지 않겠다", "나는 하나님의 말씀대로 살겠다"라는 고백이다.

우리 인생은 반드시 주의 것이기에 "하나님이 나의 주인이시다"라는 고백은 삶에서 그저 입술로만이 아니라 뼛속에서부터 우러나와 진심으로 드려져야 하는 고백이다.

예수 그리스도께서 우리에게 하나님의 자녀가 되는 권세를 주신 것은 내 뜻대로 사는 것이 아니라 하나님의 자녀로서 하나님의 뜻대로 살라고 주신 것이다. 내가 원하는 일들이 가능해지도록 하나님의 능력을 빌리려고 주를 믿는 것이 아니라 하나님께서 원하시는 대로 살라고 주신 것이다.

어렵고 힘들 때만 붙잡는 믿음은 믿음이 아니다. 그 일이 끝났을 때도 내 인생이 평탄할 때도 한 걸음 한 걸음 주께서 원하시는 길로 가며, 좁은 길에서 벗어나 있진 않은지 십자가를 지고 주님을 좇아가고 있는지 확인하며 사는 것이 신앙이다.

우리는 문제가 생기면 이것만 해결해달라고 기도하고, 해결되고 나면 또 알아서 내 마음대로 살아가지 않는가! 우리는 어떻게 해서든 내 생각과 내 방법으로 살아가려고 하는 본능적 죄성이 있다. 내가 원하고 바라는 대로 살고자 하는 마음이 강하다.

문제가 해결되든 안 되든 이 문제 안에서 하나님께서 행하신다는 것을 믿어야 하고, 문제의 해결 여부와 상관없이 하나님이 나의 주인이시라는 강한 고백이 있어야 한다. 문제가 해결되면 하나님의 역사하심에 감사하고, 해결되지 않으면 하나님의 뜻이 있음을 감사하면서 어떻게 하면 내가 오늘도 나의 주인이신 하나님 앞에 순종할까 하는 그것이 신앙이다.

사도 바울이 "나는 날마다 죽노라"(고전 15:31)라고 고백한 것은 나 중심의 죄성 때문이다. 누구나 자기 마음대로 하고 싶어 한다. 거기다 하나님이 도와주시기까지 하면 금상첨화다.

그러나 필요만 채워주시는 믿음은 기독교가 아니다. 열심히 기도하면 하나님이 나의 소원을 들어주시는 것은 기독교가 아니다. 기도는 나의 뜻을 전지전능하신 하나님이 이루어주시는 것이 아니다.

기독교의 핵심은 내가 원하는 것을 하나님의 전지전능하신 능력으로 풀어주시는 것이 아니라, 하나님께서 내 삶과 모든 일과 생각 속에 주권자요 주인이 되시는 것이다.

내가 원하고 바라는 대로 살지 않고
내가 계획한 대로 살지 않고
하나님의 말씀 따라 하나님이 원하시는 대로 사는 것이
기독교의 핵심이다.

가장 안전한 곳

하나님께서 역사하셔서 에서와 화해해놓고도 바로 에서의 면전에 대고 거짓말을 하는 야곱. "형님 먼저 가세요. 제가 세일로 갈게요" 하고는 그곳으로 가지 않는다. 자신의 재산을 지키고 아내와 자식들을 지켜야 하는데 에서가 있는 세일은 위험할 것 같았기 때문이다.

그래서 간 곳이 숙곳이었다. 야곱은 형과 멀찍이 떨어져서 지내는 것이 안전하리라고 생각해서 숙곳을 택했다. 그곳에 가면 안전하고 안락하고 평탄한 삶이 이루어질 줄 알았다.

내 마음대로 생각하고 행동할 수 있는 것은 큰 문제가 지나갔다는 의미다. 어려울 때는 간절해서 그럴 여유가 없다. 하나님 자리에 앉아 이렇게 할까 저렇게 할까 궁리할 수 있는 시간은 느긋하고 평화로운 시간이다.

사람은 큰 산 앞에서는 절대적으로 하나님을 의지하지만 그 산 위를 올라가면 내 마음대로 내려가고자 하는 못된 습성이 있다. 그래서 문제들은 대개 평탄할 때 내가 하나님의 자리에 앉아 결정하면서 일어난다.

가장 안전한 곳은 어디인가? 하나님께서 동행해주시는 곳이다. 전쟁 속에서도 하나님께서 동행하며 함께하시는 곳이 가장 안전하다.

안전은 하나님께서 허락하셔야 주어지는데 야곱은 그 안전을 눈으로 보이는 곳으로 정했다. 아브라함이 하나님의 약속을 기다리지 못하고 하갈이라는 여종을 취하여 아이를 낳은 것처럼 야곱은 자기 생각에서 안전한 곳을 택했다.

에서의 문제는 자신이 절하고 선물 보내서 해결된 것이 아니었다. 문제를 해결하실 분은 하나님뿐이라고 매달리고 뼈가 부러져도 하나님을 붙잡았던 야곱은 문제가 해결된 후 제단을 쌓고 하나님께 감사드리지 않았다.

화장실 들어갈 때와 나온 후가 너무 다른 것처럼, 얍복 강가에서 위대한 은혜를 경험하고 에서와의 문제를 해결받은 후 야곱에게는 다시 꼼수가 등장한다. 다시는 위험하지 않을 곳을 택하지만 그곳에서 참담함을 경험하게 된다. 창세기에서 가장 처참한 일이 바로 그곳에서 일어난다.

하나님의 보호하심이 끝나는 그 순간 우리는 우리의 삶을 보호할 수 있는 능력이 없다. 지금 내가 여기 있는 것도 하나님의 은혜이고 하나님의 보호하심 속에 있는 것이지, 하나님께서 보호하지 않으셨으면 나는 아무리 안전한 곳을 택했어도 벌써 끝났다.

목포에서 부흥회를 할 때의 일이다. 오전 강의를 마친 후 기도해달라는 가정이 있었다. 담임목사님도 부탁해서 만났다. 4남매가 있었는데 둘째가 열흘 전에 심장마비로 갑자기 천국에 간 가정이었다. 인생을 살아가면서 자신의 자녀가 먼저 가는 것을 감당할 수 있는 부모는 세상에 없다. 펑펑 울면서 교회에 왔다.

"이 아픔을 가장 잘 아는 분은 자신의 아들을 십자가에 달려 죽게 한 하나님이실 겁니다. 아버지께서 두 분의 아픔을 아십니다. 그러나 아픔을 이기려면 천국 소망으로 살아야 합니다. 그 딸은 이미 천국에서 주님의 품 안에서 뛰어놀고 있습니다."

그분들을 그렇게 위로하고 함께 기도했다.

하나님께서 함께하시는 것이 천국이고 회복이다. 주님과 함께하면 그 어디나 하늘나라가 된다. 삶에 고통과 문제가 존재하지만 예배가 회복되고 하나님과 함께하면 이겨낼 수 있다.

그 부모가 믿음으로 이겨내는 것이었다. 참 믿음이 놀라웠다.

광야에서 함께하신 하나님을 붙들어라

우리는 은연중에 하나님이 문제를 해결해주시는 것은 당연하다는 생각을 하는 것 같다. 광야에서는 다들 주를 붙잡는다. 어렵고 힘들 때는 야곱처럼 뼈가 부러져도 하나님을 붙잡고 늘어진다.

그러나 광야의 끝자락에서 하나님을 기억하는 사람은 극히 적다. 문제가 해결되고 광야가 끝나면 광야를 잊고 산다. 아니, 광야에서 함께하신 하나님을, 하나님께서 함께해주셨던 것을 잊고 산다.

또 다른 광야를 만나야 다시 씨름한다. 인생에는 단 한 번의 광야만 존재하는 것이 아니다. '산 넘어 산'이라는 표현이 딱 맞다. 광야에서 함께하신 하나님을 끝까지 붙잡아야 한다.

섰다고 할 때 넘어진다. 무언가를 이루어가는 것이 위험하다. 오히려 힘을 더 빼라. 힘내지 말고 힘을 빼라. 주의 뜻을 바라보고, 상황을 바라보지 마라.

어떻게든 살리려고 하시는 하나님의 은혜는 우리가 매번 배신해도 끝까지 포기하지 않고 붙잡아주신다. 십자가에 달려 돌아가시고, 용서하며 붙잡아주시는 주의 은혜 때문에 오늘도 우리는 살아간다.

그러나 더는 문제 해결 중심의 신앙생활을 이어가지 말자. 이제는 몸부림치자. 하나님 뜻대로 살기 위해 몸부림치자. 열심히 주를 붙잡고 주와 씨름하자. 하나님을 기쁘시게 하는 길을 택하고 내 마음대로 사는 것을 포기하자.

문제가 있건 없건 이제는 내 마음대로 계획하고 원하는 곳으로 가지 말자. 하나님의 뜻을 확인하고 인도하심을 따르며 주님 앞에 서자. 주님 앞에 서는 것을 가장 두렵게 생각하자.

절대로 주님보다 앞서지 말고 마음대로 살지 말며 자기 생각대로 살지 말라. 우리에게는 자꾸만 옛 모습으로 돌아가려는 본성이 있다. 야곱만 돌아가고 똑같은 잘못을 저지르는 것이 아니다. 깨어서 영을 돌이키고 다시 결단하는 신앙의 몸부림이 있어야 한다.

신앙의 핵심은 예배다. 하나님께 영광을 올려드리는 예배에 혼신의 힘을 다하지 않으면 그 한 주를 살아낼 수 없다. 매 주일 드려지는 예배는 영혼을 살리고 그 힘은 내 삶의 가장 중요한 에너지가 된다. 예배의 임재와 은혜 없이는 거룩함으로 구별된 삶을 살아낼 수 없다.

그런 예배를 준비 없이, 함부로 드릴 수 없다. 아무 준비 없이 예배드리지 말라. 세상 가치가 아니라 하나님만 선포되는 예배의 자리를 찾고 그곳에 헌신하라. 예배가 끊어지면 영적인 삶은 죽는다. 한 번의 큰 영적 부으심이나 체험을 의지하지 말고 성숙하고 건강한 예배자가 되자.

자기중심적인 결정을 하지 않으려면 예배가 살아나야 하고, 그 예배의 자리에서 내 뜻대로 살지 않고 거룩함을 붙잡기로 마음을 확정하고 새롭게 결단해야 한다.

9
chapter

잘못된 선택

창세기 34장 1-7절

레아가 야곱에게 낳은 딸 디나가 그 땅의 딸들을 보러 나갔더니 히위 족속 중 하몰의 아들 그 땅의 추장 세겜이 그를 보고 끌어들여 강간하여 욕되게 하고 그 마음이 깊이 야곱의 딸 디나에게 연연하며 그 소녀를 사랑하여 그의 마음을 말로 위로하고 그의 아버지 하몰에게 청하여 이르되 이 소녀를 내 아내로 얻게 하여주소서 하였더라 야곱이 그 딸 디나를 그가 더럽혔다 함을 들었으나 자기의 아들들이 들에서 목축하므로 그들이 돌아오기까지 잠잠하였고 세겜의 아버지 하몰은 야곱에게 말하려 왔으며 야곱의 아들들은 들에서 이를 듣고 돌아와서 그들 모두가 근심하고 심히 노하였으니 이는 세겜이 야곱의 딸을 강간하여 이스라엘에게 부끄러운 일 곧 행하지 못할 일을 행하였음이더라 인생은 끊임없는 선택이다.

그리고 그 선택에 따르는 결과가 반드시 뒤따른다.

하나님을 믿는다면 하나님 중심으로

새로운 가치관의 선택들이 나타난다.

그 선택들이 하나님을 기쁘시게 한다.

하지만 죄를 택하고 나 중심으로 한 선택들은 영을 죽인다.

나쁜 선택으로 시작해서 최악의 선택까지

악순환으로 살 수는 없다.

디나에게 일어난 비극

디나의 나이는 14세에서 15세 정도로 추정된다. 성경은 디나가 그 땅의 딸들을 보러 나갔다고 말씀한다. 이 부분은 아주 중요하다. 이스라엘의 옛 풍습은 우리나라와 비슷하다. 옛날에 여성들이 편하게 다니지 못했던 것처럼 이스라엘도 그랬다. 디나가 자유롭게 밖을 나다닐 수 없는 상황에서 부모의 말을 무시하고 다닌 것 같다.

세겜은 추장이다. 세겜이 추장이었다면 당시 자기 부족의 여인들을 쉽게 취할 수 있었다고 생각된다. 디나를 겁탈만 하고 끝났다면 아주 나쁜 놈이 자신의 욕구만을 위하여 산다고 할 수도 있겠는데 세겜이 그녀를 사랑한다. 나쁜 범죄로 시작했지만 디나를 사랑해서 그녀를 위로하고 결혼하기를 원한다. 추장으로서 많은 여자를 쉽게 거느릴 수 있는 상황에서 세겜이 디나를 진심으로 대하는 마음으로 볼 수 있다.

그때 누이 디나의 일을 알게 된 야곱의 아들들이 행하는 행태가 창세기 34장에 등장한다.

악을 더 큰 악으로 갚는 야곱의 아들들

세겜의 아버지 하몰이 야곱에게 와서 디나를 세겜에게 달라 하고 서로 통혼하자고 말한다.

> 하몰이 그들에게 이르되 내 아들 세겜이 마음으로 너희 딸을 연연하여 하니 원하건대 그를 세겜에게 주어 아내로 삼게 하라 너희가 우리와 통혼하여 너희 딸을 우리에게 주며 우리 딸을 너희가 데려가고 너희가 우리와 함께 거주하되 땅이 너희 앞에 있으니 여기 머물러 매매하며 여기서 기업을 얻으라 하고 **창 34:8-10**

그러자 야곱의 아들들은 야곱과 의논하지 않고 세겜 족속에게 사기를 친다.

그런즉 이같이 하면 너희에게 허락하리라 만일 너희 중 남자가
다 할례를 받고 우리같이 되면 우리 딸을 너희에게 주며 너희 딸
을 우리가 데려오며 너희와 함께 거주하여 한 민족이 되려니와

창 34:15,16

"우리와 결혼하려면 너희들이 다 할례를 받아야 한다"라고
말하여 그들이 할례를 받게 하고, 할례 후 3일째 되던 날 그들
이 아파서 잘 움직이지 못할 때 쳐들어가서 다 죽이고 아내와
자녀들을 사로잡고 그들의 재산을 몰수해 버린다.

야곱의 아들들은 세겜보다 더 큰 악을 행해서 온 동네 사람
을 죽이고 재산을 빼앗는다. 그 어떤 이유로도 세겜의 행동이
정당화될 수 없다. 하지만 그가 행한 악보다 더 큰 악으로 되
갚는 것은 야곱의 아들들로서 절대 해서는 안 되는 행동이다.
악은 더 큰 악을 낳을 수밖에 없다. 악을 악으로 대하면 악이
커진다.

성경은 악을 악으로 갚으라고 말씀한 적이 없다. 하나님은
악을 선으로 갚으라고 말씀하신다. 그 이후는 나에게 맡기라
고, 내가 공정한 심판자이니 나한테 맡기고 너는 죄를 짓지 말
라고 하셨다.

대저 여호와는 우리 재판장이시요 여호와는 우리에게 율법을 세우신 이요 여호와는 우리의 왕이시니 그가 우리를 구원하실 것임이라 사 33:22

야곱의 가족은 누구보다 용서를 체험한 사람들이다. 에서의 공격에서 하나님의 은혜로 에서와 큰 화해를 할 수 있었고 매 순간마다 하나님의 동행하심으로 고비를 넘겨 왔다. 그러나 지금 여기는 야곱이 에서에게 약속했던 장소가 아니다. 야곱은 자신의 결정을 통해 하나님을 두려워하며 약속을 지키는 모습을 자녀들에게 보여주지 못했다.

그리고 그런 야곱의 아들들은 그들의 힘과 머리를 믿으며 결정을 했다. 우리 가족에게 악을 행하면 죽음을 당한다고 힘으로 밀어붙였다. 그들은 이 결정을 의를 행하는 방법이라고 생각했을 것이다.

선을 악으로 갚는 모습이 세상에 많다. 세상 사람들과 똑같이 선택하기는 아주 쉽다. 그러나 인생을 그냥 그렇게 살 수 없기에 성경은 깨어 있으라고 명령하신다. 우리는 악을 선으로 갚으며 거꾸로 가는 사람들이다. 나에게 악을 행한 사람에게도 선으로 갚는 것이다.

우리는 십자가를 지고 주님을 따르는 좁은 길을 간다.
그래서 대다수의 사람들은 주를 따르지 못한다
그러나 주를 따르는 소수가 세상을 변화시킬 수 있다.
하나님의 계획과 하나님의 임재 때문이다.

좁은 길을 걸어가라. 용서의 길도 좁고 좁은 길이다. 하나님의 말씀 없이는, 능력이 되더라도 나의 능력으로 문제를 해결하려 하지 말자. 하나님의 말씀을 따르고 기다리자. 그 기다림의 시간이 무거운 십자가를 지는 시간이라 할지라도 묵묵히 순종하는 그 한 사람이 세상을 변화시킬 수 있다.

살면서 받아들이기 쉽지 않은 것 중 하나는 사람들의 무시(無視)다. 하지만 그럴지라도 감사히 여기자. 예수께서 가장 무시당하셨기 때문이다. 사람들이 무시해도 세상 사람들과 똑같이 반응하지 않는 것이 믿음이다. 그것이 교회다.

그리스도인은 하나님의 말씀대로 행동하는 사람이다. 그리스도인은 반드시 십자가에 반응해야 한다. 말이 아닌 삶으로 살아내며, 나의 손으로 해결할 수 있는 일도 하나님께 묻고 고민하고 하나님의 음성을 기다린 다음에 행동해야 한다.

야곱의 아들들이 믿음으로 반응하지 않았다. 그들은 세겜의 주민들을 다 죽임으로써 자신들의 손으로 이 문제를 해결한다. 하나님의 사람으로서 어떻게 해야 할지 야곱의 가족들은 단 한 명도 고민하지 않았다.

야곱이 벧엘에서 하나님을 나의 하나님으로 고백했다. 할아버지의 하나님, 아버지의 하나님이 벧엘에서 '나의 하나님'이 되셨다. 그리고 얍복 강가에서 하나님을 붙잡았다. 그럼에도 불구하고 야곱이 어떻게 살았으면 자녀들 중에 온전하게 하나님을 만난 사람이 한 명도 없단 말인가?

자신의 아버지를 속이고 사기 치고 악을 행했던 사람이 누구인가? 야곱이다. 그 야곱의 아들들도 똑같이 행한다. 자녀 교육은 말로 하는 게 아니다. 신앙생활도 말로 하는 게 아니다. 삶으로 하는 것이다.

이것은 정말로 중요하다. 공부하라고 백 번 이야기하는 것보다 부모가 아이들 앞에서 공부하는 모습을 보여주면 된다. 아이들에게는 공부하라고 하고 부모는 TV를 보며 웃고 있으면 당연히 공부 안 된다.

신앙생활이 예배드리고 끝나는 것이면 얼마나 쉽겠는가? 신앙생활이 어떤 교양 과목을 듣는 것같이 듣는 것으로 끝나면 누구든지 진짜 크리스천이 될 수 있을 것이다.

그러나 신앙생활을 할수록 진짜 믿음을 지킨다는 것이 얼마나 힘든 영적 전쟁인지 체험하게 된다. 삶 속에 온전한 선택과 온전한 붙잡음이 있어야 하나님 보시기에 아름다운 일들을 행할 수 있다.

그저 예배드리는 것에 만족하지 말고, 교회에서 어떠한 사역을 한다고 만족하지 말고, 자신이 온전하게 신앙생활 하는지를 확인하자. 그래야 신앙이 새롭게 일어난다.

죄악의 결과는 죽음과 고통이다

34장은 가장 어두운 장이다. 34장에는 하나님의 부재가 있다. 야곱과 동행하신 하나님이 34장에서는 단 한 번도 언급되지 않는다. 하나님이 없는 곳은 지옥이다. 하나님이 계신 곳이 천국이고 하나님과 동행함이 하늘나라이지 다른 곳은 다 지옥이다.

구약 주석가 아더 핑크는 34장을 주석하지 않았다. 33장 후에 바로 35장으로 넘어가면서 34장은 주석할 필요가 없다고 말했다. 놀랍게도 주석가 중에 34장을 주석하지 않는 사람이 많다.

그러나 야곱의 인생 중에 34장은 분명하게 배워야 한다. 34장의 무게가 삶에 있어야 죄에 대해서 민감해진다. 죄에 민감해야 한다. 죄악을 저지르며 악을 지속하는 것은 하나님을 무시하는 것이다. 지속되는 죄악의 회개에는 진정성이 없다.

아들들이 일을 다 저지르고 난 후 야곱이 "너희들 어떻게 이런 짓을 했냐? 너희들 왜 아버지에게 이야기도 안 하고 이런 일을 했냐?" 하며 펄쩍펄쩍 뛴다. 야곱은 그렇게 하면 안 된다고 생각했다. 하지만 아들들은 아무렇지도 않고 끝까지 자신의 죄악을 알지도 못한다. "아니, 우리 누이가 이렇게 되는 게 옳습니까?" 하고 반문한다.

그들이 이르되 그가 우리 누이를 창녀같이 대우함이 옳으니이까
창 34:31

말씀이 이렇게 끝난다. 더 이상 야곱도 대답할 수 없다. 분명한 모습이 없이 이렇게 몇 마디 대화와 반문으로 끝난다. 그러나 죄는 그 자리에서 죄지은 것으로 끝나지 않는다. 창세기 49장에서 야곱은 죽음을 앞두고 유언하면서 자녀들을 축복한다. 그 가운데 칼을 들고 갔던 시므온과 레위에 대한 말씀이다.

시므온과 레위는 형제요 그들의 칼은 폭력의 도구로다 내 혼아 그들이 모의에 상관하지 말지어다 내 영광아 그들의 집회에 참여하지 말지어다 그들이 그들의 분노대로 사람을 죽이고 그들의 혈기대로 소의 발목 힘줄을 끊었음이로다 그 노여움이 혹독하니 저

주를 받을 것이요 분기가 맹렬하니 저주를 받을 것이라 내가 그
들을 야곱 중에서 나누며 이스라엘 중에서 흩으리로다 **창 49:5-7**

그들은 열두 지파 중에서 가장 큰 저주를 받는다. 죄는 그냥
끝나지 않는다. 죄에는 결과가 있다. 바로 죽음이다. 죄악의
결말은 고통이다. 하나님과의 관계가 끊어지는 것은 내 육신의
죽음보다 더 큰 고통이다.

그래서 하나님의 보호하심을 붙잡아야 한다. 내 생각대로
사는 것이 아니라 하나님의 인도하심을 붙잡아야 한다. 정말
하나님께서 원하시는 것을 붙잡아야 한다. 당신은 하나님께서
원하시는 것을 붙잡고 행하고 있는가? 신앙의 핵심이다.

나의 선택이 주님의 임재와 부재를 드러낸다

야곱은 하나님의 기적 속에서 보호와 지켜주심을 경험하고도
다시 자신의 생각과 꾀를 따라 마음대로 숙곳으로 갔다. 자기
목숨이 왔다 갔다 할 때는 하나님과 씨름하고 하나님의 사자
를 붙잡고 늘어졌지만, 문제가 해결되자마자 자기 생각을 따
라 자신이 원하는 곳에 마음대로 가서 살았다.

그렇게 마음대로 선택한 곳에서 처참한 일이 벌어졌다. 자신

의 능력을 동원해서 그곳에 땅을 사고 즐겁고 행복하게 살고 싶었지만 큰 고통을 겪게 되었다.

꼭 "우리가 이렇게 선택해서 하나님께서 이렇게 하셨다"라고 할 수는 없다. 우리는 하나님의 은혜로 이 자리에 있으며, 만약 하나님께서 우리가 행한 대로 우리를 대하시면 이 자리에 있을 사람은 한 사람도 없을 것이다. 그러나 이 창세기 34장에 나타난 디나의 사건과 아들들의 행태로 인한 결과는 야곱의 잘못된 선택과 관계있다.

야곱이 생각하기에 가장 안전한 곳은 숙곳이었다. 에서와 어느 정도 거리가 있고, 숙곳은 대도시여서 여러모로 더 좋다고 생각했다. 그러나 야곱이 안전하다고 생각했던 곳이 사실은 가장 위험했다.

이 세상의 가치로 선택하면 최악의 결과가 나온다. 그것은 바로 고통이다. 선택할 때 하나님이 중심되지 않으면 세상의 가치관을 뛰어넘는 결정을 하기 어렵다.

예수 그리스도의 존재하심은 삶 속에서 우리의 '선택'들로 나타난다. 내 안에 계시는 예수님의 존재는 내가 매일 매 순간 결정하는 선택들로 나타나게 된다. 당신의 삶 속에는 어떠한 선택이 있는가? 당신은 하나님 말씀에 어떻게 반응하며 살아가고 있는가?

하나님의 가치관으로 주를 붙잡지 않으면 아무리 신앙생활을 한다 해도 세상 사람과 다를 것이 하나도 없다. 하나님 중심, 하나님만 나의 가장 귀한 것이라는 가치관의 분명한 변화가 없으면 온전한 그리스도인이라고 할 수 없다.

우리는 흔히 은혜를 체험하면 변화된다고 말한다. 그런데 야곱만큼 은혜 많이 받은 사람이 어디 있는가? 야곱만큼 많이 은혜받고 하나님의 보호하심을 체험한 사람이 없다. 그러나 그는 참 변하지 않는 모습을 보여준다. 은혜받는 것만으로는 안 되는 것이다.

그 감정적인 은혜, 놀라운 체험이 오래가지 않는다. 나에게 어떠한 체험과 영적 경험이 있느냐보다 더 중요한 것은 지금 내가 의지적으로 결단하여 하나님을 붙잡는 것이다.

지금 하나님 앞에 헌신하지 못하면 문제가 해결되어도 헌신하지 못한다. "목사님, 이 일만 해결되면 주님 앞에 나아가겠습니다" 해도, 지금 하나님을 사랑하지 못하면 기도 응답을 받아도 주님만 사랑하지는 못한다. 오늘 주님을 붙잡지 않으면 안 된다.

감정적인 결단 가지고는 주를 붙잡을 수 없다. 내 몸을 쳐서 복종시키는 의지적인 결단이 있어야 주를 붙잡고 살아갈 수 있다. 보혈의 은혜를 받았음에도 함부로 죄악을 선택하면 하나님의 은혜를 싼값으로 전락시키는 것이다. 내 몸을 쳐서 복종시켜야 한다. 십자가의 보혈을 값싼 은혜로 전락시키지 않는 의지적인 순종이다.

하나님의 말씀을 붙잡고 하나님의 말씀이 이해되든 되지 않든 하나님 말씀대로 살아야겠다는 의지적인 결단이 없으면 신앙생활을 온전히 할 수 없다. 성경을 아는 만큼만이라도 살아내야 한다. 성경에 대해서도, 하나님에 대해서도, 아는 만큼 살자.

나의 선택이 예배다

세상 방법을 선택하지 말라. 모든 죄에는 고통스러운 결과가 있고 우리는 그 결과에 대해 책임을 져야 한다. 예수 그리스도께서 우리의 죄를 책임지시고 십자가에 달려 돌아가셨다.

십자가의 사랑은 야곱에게만 향하고 있지 않다. 우리도 그 십자가 없이 주님께 나올 수 없었다. 하나님께서 예수 그리스도로 하여금 이 땅의 십자가를 지게 하셨고, 우리는 그 십자가의 놀라운 보혈로 죄가 씻기고 예수 그리스도의 이름으로 하나님의 자녀가 되는 권세를 얻게 되었다.

십자가의 약속 때문에 우리가 살았다. 죽어야 마땅했던 우리가 십자가의 능력과 보혈로 하나님의 자녀가 되고 자녀답게

살게 되었다. 십자가의 의미는 하나님께서 독생자 예수 그리스
도를 통해서 우리의 죗값을 다 치르게 하시고 우리를 하나님의
자녀로서 권세를 회복하고 예배자로 서게 해주신 것이다.

그렇게 예배자로 서게 된 우리는 월요일부터 토요일까지 매
일 매 순간 어떤 선택을 하며 살 것인가? 그 선택들이 주일 예배
와 동일하게 중요한 예배다. 하나님의 사람으로 선택할 때마
다 그 모든 것이 예배다.

어떻게 살아가느냐가 예배고 어떤 가치관으로 사느냐가 예
배다. 세상 사람들이 다 그렇게 해도 나는 그렇게 하지 않는 것
이 예배다. 좁은 길로 걸어가는 것이 예배다. 말로 하는 것은
가짜다.

내 삶 속의 선택이 나의 예배다.
삶의 선택들이 무너지면 예배가 무너진다.
선택이 세속적이면 신앙은 무너진다.

하나님의 자녀가 가는 길은 좁은 길이고 십자가의 길이다.
하나님의 자녀는 세상의 가치에 마음을 두지 않는다. 신앙생
활의 초점은 우리의 행복과 회복이 아니다. 이 땅의 많은 메시
지가 우리가 어떻게 살아야 할지를 이야기하고 마음의 치유와

회복에 집중하고 있지만, 십자가 없이는 어떠한 변화도 일어날 수 없다.

하루하루 살면서 쉽게 쓰러지지 않았으면 좋겠다. 그저 은혜만 붙잡고 살아가지 않고 주를 위하여 똑바로 서는 한 사람이 되기를 소망한다. 여호와께로 돌아가자. 여호와의 편에 굳건하게 서 있는 한 사람이 되자. 맨날 쓰러지지 않고 성장하고 강해지는 신앙생활이 공동체 안에 있기를 소망한다.

100년이 훨씬 넘은 지방 교회에서 집회를 한 적이 있다. 교인들은 대부분이 60대 이상이고 청년회장은 50대인 교회였다. 그분들은 자신의 교회를 작은 시골교회라고 소개하셨다. 나쁜 의미에서 그리 하신 것은 아니다. 아마도 겸손의 표현이었을 것이다.

그러나 더 이상 "시골교회"라고 하지 말자고 했다. 그렇게 말하면서 '괜찮다, 우리는 시골이니까 이 정도면 괜찮다. 잘하고 있다'라는 생각이 깔려 있을 수 있다. 그래서 더 이상 그런 생각 말고 하나님의 기적의 현장이 되게 해달라고 기도하라고 전했다.

맨날 똑같으면 어떻게 하겠는가? 성장해야 한다. 모든 성장에는 성장통이 있다. 편하고 안전해서 영이 무너지면 그 편함과 안전은 아무 의미가 없다. 편함에서 벗어나야 성장한다.

아가들을 한 6개월만 안 보다가 보면 딴사람이 되어 있다. 그 성장을 모르는 사람은 본인밖에 없다. 본인은 못 느낀다. 신앙생활도 그런 부분이 많다. 오히려 주위에 있는 분들이 인정하면 진짜 성장한 것이다.

다른 사람들은 다 인정하지 않는데 나만 나의 신앙생활이 성장했다고 생각하면 분명 착각이다. 그저 은혜받는 것과 성장은 다르다. 성장은 말씀을 향해 분명하게 반응하는 것이다.

하나님을 두려워하고 세상을 두려워하지 않으려면 하나님을 붙잡고 세상을 놓으면 된다.

"더 이상 이 세상의 가치로 살지 않겠습니다. 똑바로 살겠습니다."

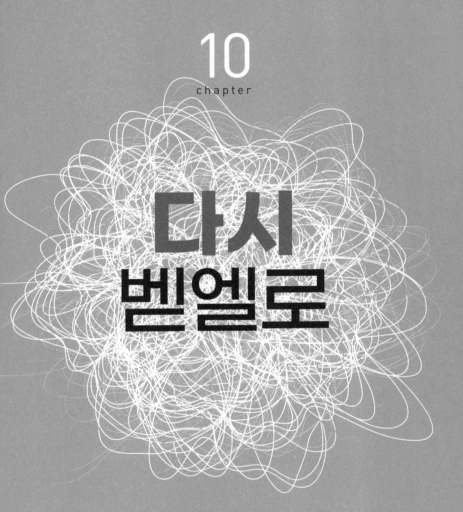

10
chapter

다시
벧엘로

창세기 35장 1–5절

하나님이 야곱에게 이르시되 일어나 벧엘로 올라가서 거기 거주하며 네가 네 형에서의 낯을 피하여 도망하던 때에 네게 나타났던 하나님께 거기서 제단을 쌓으라 하신지라 야곱이 이에 자기 집안 사람과 자기와 함께한 모든 자에게 이르되 너희 중에 있는 이방 신상들을 버리고 자신을 정결하게 하고 너희들의 의복을 바꾸어 입으라 우리가 일어나 벧엘로 올라가자 내 환난 날에 내게 응답하시며 내가 가는 길에서 나와 함께하신 하나님께 내가 거기서 제단을 쌓으려 하노라 하매 그들이 자기 손에 있는 모든 이방 신상들과 자기 귀에 있는 귀고리들을 야곱에게 주는지라 야곱이 그것들을 세겜 근처 상수리나무 아래에 묻고 그들이 떠났으나 하나님이 그 사면 고을들로 크게 두려워하게 하셨으므로 야곱의 아들들을 추격하는 자가 없었더라 야곱의 인생에 드러나는 악함과 죄악, 그리고 변하지 않는 그 모습을 통해서 우리 자신의 모습을 보게 되었다.

야곱은 많은 잘못된 선택을 했다. 그의 선택은 대부분 세상을 향한 선택이었다. 세상의 가치를 선택하니 죄악을 선택하게 되었고 그에게 어려움과 고통이 끊이지 않았다.

대부분의 잘못된 선택은 가치관에서 일어난다. 세상을 향한 가치관의 변화가 없으면 신앙생활이 온전하게 될 수 없다는 것을 야곱을 통해서 느낄 수 있다.

가치관의 변화가 있지 않으면 하나님 중심이 될 수 없고 예수 그리스도의 가치를 붙잡을 수 없다. 절대로 하나님께서 원하시는 일, 선한 일을 하기 어렵다. 우리 안에 하나님의 말씀과 하나님 최우선의 가치관이 자리잡아야 한다.

예배가 회복될 때 인생도 회복된다

34장에 하나님의 이름이 단 한 번도 등장하지 않았던 것을 기억하는가? 그런데 35장은 "하나님이"로 시작되며, 처음부터 끝까지 하나님이 등장한다. "하나님"과 '엘벧엘', '엘샤다이'와 같이 하나님을 칭하는 단어로 한 장이 덮여있다. 처음부터 끝까지 하나님이 함께하신다.

34장에 혹독한 일이 벌어졌다. 에서의 군대에게서 기적과 같이 보호하시는 역사를 경험하고도 야곱은 다시 한번 잘못된 선택을 하고 자기 마음대로 숙곳으로 갔다. 그러나 자신이 안전하다고 생각했던 그곳에서 고통스럽고 혹독한 일을 당한다.

악한 일을 당하고 또 더 악한 방법으로 야곱의 아들들이 죄악을 저지르는 죄악의 34장을 지나서 35장에 다시 한번 하나님께서 야곱에게 나타나셔서 그에게 말씀하신다.

"다시 제단을 쌓아라."

… 일어나 벧엘로 올라가서 거기 거주하며 네가 네 형 에서의 낯을 피하여 도망하던 때에 네게 나타났던 하나님께 거기서 제단을 쌓으라 하신지라 **창 35:1**

인생 중 고통의 시간, 아픔의 시간, 그리고 실패의 시간에 반드시 일어나야 하는 것은 예배 회복이다. 예배가 우리를 살린다. 인생에 고통이 아무리 깊어도, 해결할 수 없는 문제를 맞닥뜨려도 하나님을 붙잡는 예배가 살아나면 야곱이 살아나듯 우리가 살아난다.

예배의 회복이 일어나지 않으면 하나님께서 역사하지 않으신다. 예배의 회복이 일어나야 인생이 회복된다. 예배 회복 없이 인생은 회복되지 않으며, 예배 속에서 은혜받지 못하면 하나님께서 주시는 능력을 붙잡을 수 없다. 하나님의 능력으로 살려면 예배의 능력이 있어야 한다. 예배를 붙잡아야 한다.

실패하고 고통당했을 때, 우리는 그 고통의 문제가 해결되는 것이 은혜라고 생각하지만 하나님은 예배로 돌아가라고 말씀하신다. 하나님은 야곱이 다시 벧엘로 돌아가기를 원하셨고 거기서 다시 제단을 쌓기 원하셨다.

사람은 누구나 풀 수 없는 문제들을 안고 사는데 그 풀리지 않는 문제들의 해결은 모두 예배의 회복에 있다. 예배에 하나님의 임재를 갈망하라. 기도로 준비하고 갈급한 심령으로 주를 바라보자. 예배가 살린다.

무엇보다 소중한 공동체의 예배

가장 중요한 것은 예배이며 가장 중요한 예배는 자신이 속해 있는 공동체의 예배다. 공동체 예배의 임재를 통해서 영적 예배가 회복되고 나도 회복된다. 공동체적 예배는 매우 중요하다. 주일에 드리는 공동체적 예배가 살아나지 않으면 영성은 살아날 수 없다.

예수님이 피로 값 주고 사신 공동체를 교회라고 한다. 그 공동체는 예배 공동체다. 삶을 나누고 교제하고 함께 사역도 하지만 가장 중요한 것은 예배다. 공동체의 예배는 하나님께서 교회를 세우실 때 가장 중요한 요소였다. 교회를 세우실 때 하나님께서 가장 중요하게 여기신 것이 공동체적으로 함께 드리는 예배였다.

자신이 속해 있는 공동체에서 은혜를 받지 못해서 다른 설교 영상을 통해 공급을 받는다는 분들이 많다. 그러나 어떤 방법도 자신이 속해 있는 교회의 예배를 대신 할 수 없다.

큐티하고 말씀 보고 기도하는 자신의 개인적 예배도 중요하지만 그것이 예배 공동체 속에서 하나님께서 주시는 예배를 대신 할 수는 없다. 영성은 공동체 회복과 예배의 주 임재를 통해서 회복된다.

어떤 분이 교회사역으로 너무 지쳐서 상담하러 왔다. 그 분은 일주일 내내 교회에서 사역하고 하루에 성경을 열 장씩 읽는다고 했다. 그러나 너무 지친다고, 예배도 제대로 드린 것이 언제인지 모르겠다고 했다.

공동체 안에서 가장 중요한 것은 사역이 아니다. 우리는 공동체를 위하여 살아가는 것이 아니며 사역을 위해서 존재하는 것이 아니다. 어떤 사역보다도 가장 중요한 것은 예배이고 예배를 통해서 이어지는 사역만이 귀하다.

먼저 예배자가 되어야 한다. 예배자로서 하나님 앞에 섰을 때 공동체 속에 임하시는 하나님의 역사와 은혜가 사역으로 이어지는 것이다. 자신이 속한 공동체에서 예배드리며 하나님께서 주시는 은혜를 받아야 하고, 그 은혜를 붙잡고 그것을 통해서 사역하는 것이다.

교회를 위하여 살아가는 것이 아니라
공동체에 임하는 하나님의 은혜를 통해 사역하는 것이다.
예배자로서 하나님 앞에 서고
주시는 은혜로 살고
그 은혜가 사역으로 이어져야 한다.

사람들은 대개 열심히 봉사하며 그것이 영적으로 도움이 된다고 생각한다. 그러나 교회에서 하는 사역이나 봉사가 결코 예배를 대신 할 수 없다. 어떠한 사역과 봉사도 예배보다 앞설 수 없다. 사역이 우선 되면 안 되며, 봉사가 당신의 영적 삶을 좋게 할 수 없다.

자신이 속한 교회에서 예배를 온전하게 드릴 수 있어야 한다. 예배 외에는 어떤 것 때문에도 공동체에 속하지 말라. 때로 교회의 여러 일로 분주하여 예배가 그저 지나가는 시간이 되어 버렸다면 그 사역을 내려놓고 예배부터 똑바로 드리자.

공동체의 예배에 주의 임재와 은혜가 있기를 갈망하며 살아야 한다. 그 예배가 살아나고 임재와 은혜가 넘치고 끊어지지 않도록 기도하고 주님의 긍휼하심이 공동체 안에 넘치기를 기도하자. 예배가 온전하게 드려지는 공동체에서 거룩하고 은혜롭게 주 앞에 서자.

비로소 가정의 우상을 해결하다

> 야곱이 이에 자기 집안사람과 자기와 함께한 모든 자에게 이르되 너희 중에 있는 이방 신상들을 버리고 자신을 정결하게 하고 너희들의 의복을 바꾸어 입으라 **창 35:2**

놀랍게도 그 집안에 아직도 이방 신상들이 있었다. 라헬이 드라빔을 훔쳤고 그들의 종들이 지방의 문화로 가정을 지키는 수호신 같은 것들을 가지고 있었다. 하나님과 수많은 만남 속에도 야곱은 자기 집의 우상들을 해결하지 못했다. 하나님의 놀라운 인도하심으로 살아온 인생 속에 아직도 해결하지 못한 우상이 있다.

당신은 어떠한가? 하나님도 믿지만 그래도 치우지 못한 옛 습성이 존재하는가? 조금이라도 믿는 구석이 있는가? 아직도 내가 믿을 만한 구석을 만들고 있지는 않은가? 수백 번 수천 번 예배를 드리고서도 아직도 놓지 못하는 세상의 것이 있다면 하나님께 집중하고 하나님을 붙잡기로 오늘 결단하자.

야곱이 처음으로 집안의 이방신에 대한 해결을 한다. 벧엘과 얍복 강가에서 하나님을 만났고 놀라운 도우심을 체험했으며 은혜의 자리에 있었지만, 하나님을 만나고 집안에서 이방신을 해결하기는 처음이다. 그의 인생에 영적 경험은 여러 번 있었지만 영적 결단은 없었다는 것이다. 모든 일이 다 드러난 지금에야 야곱은 결단한다.

신앙은 은혜받는 것으로 끝나면 안 된다. 체험만으로는 안 된다. 결단이 있어야 한다. 삶 속의 결단이라는 구체적인 변화가 있어야 한다. 그 결단은 하나님만 붙잡는 것이고 하나님 앞에서 온전하게 서는 것이다. 오직 살아계신 하나님 앞에 그의 능력으로 살려면 하나님을 붙잡아야 하고, 그 결단은 지정의(知情意)를 동원해서 해야 한다.

드라마를 보면 "하나님 도와주세요. 부처님 도와주세요" 하고 거기다 산신령까지 다 부르면서 자기를 도와달라고 하는 사람이 있다. 그럼 그중에 하나는 날 도와주지 않을까 하는 것인데 그것은 신앙이 아니다. 하나님도 지켜주시고 또 이 집을 보호하는 신들도 날 도와주길 바라는 것은 우상을 섬기는 것이다. 신앙은 끊을 것 끊고 더 이상 우상의 신들을 두지 않는 결단이다.

또한 결단은 구체적으로 변화되는 것이다. 순결하고 정결하게 자신을 깨끗하게 하는 작업으로 야곱은 의복을 바꿔 입으라고 말한다. 의복을 바꾸어 입는다는 것은 정체성의 변화를 의미한다. "완전히 정체성이 변화되어 이제 하나님의 사람으로 산다. 이제 더는 이렇게 살지 않는다"라는 것이다.

은혜받으면 결단이 일어났다고 생각하고 내가 변화됐다고 생각한다. 그렇지 않다. 은혜받은 후에 구체적인 결단과 변화가 있어야 한다. 잘라낼 것을 잘라내고 내 의복을 바꿔 입는 구체적인 정체성의 변화가 있어야 한다.

은혜받고 찬양하고 말씀 듣고 감정적으로 기쁘고 슬프고 하는 데서 끝나는 것이 아니라 아직도 붙잡고 있는 우상들을 버리고 의복을 바꿔 입고 하나님 앞에 나아가 집중하고 하나님을 붙잡는 구체적인 결단이 있어야 한다.

야곱은 결단한다. 끊을 것 끊고 예전처럼 살지 않겠다고 결단한다. 하나님의 은혜만 받고 감정적으로 끝나는 것이 아니라 의복을 바꿔 입고 하나님 앞에 나아가는 구체적인 결단의 역사가 있다. 야곱의 인생 중에 가장 행복한 날은 이제부터다. 야곱은 노년이 가장 행복하다. 결단했고, 구체적인 변화가 있었기 때문이다.

십자가 복음이 있는 건강한 공동체

우리가 일어나 벧엘로 올라가자 내 환난 날에 내게 응답하시며 내가 가는 길에서 나와 함께하신 하나님께 내가 거기서 제단을 쌓으려 하노라 하매 **창 35:3**

"다시 벧엘로 올라가자. 하나님께서 내 환난 날에 내게 응답하신다!"

야곱은 지난 환난 날에 임한 하나님의 역사를 기억한다. 지난 삶 속에 나에게 허락하신 하나님의 은혜를 기억한다. 지금까지 나와 함께하셨던 하나님의 은혜와 역사들을 기억하는 것이 정말 중요하다.

야곱은 그 놀라운 체험들을 하고서도 계속 잘못된 선택을 했다. 놀라운 임재 속에서도 책임을 지고 공동체적인 결단을 하지 않았기 때문에 영적으로 심한 기복을 경험했다. 공동체적 예배와 공동체적 결단이 우리의 삶 속에 끊이지 않기를 바란다.

기억하라. 나에게 벧엘이 없었는가? 나에게도 얍복 강가가 있지 않았는가? 기억하되 그 은혜로 말미암아 변화되었다고 생각하지 말고 결단하자. 가장 중요한 것이 예배의 회복이라면 다른 것에 가치를 두지 말고 주님만 바라보자.

교만하게 내가 교회를 지킨다느니, 사역보다 귀한 것은 없다느니 하면서 정작 나의 예배가 무너지는 어리석은 신앙생활을 하지 말자. 영도 못 먹으면 죽는다. 절대로 사람은 간식으로 온전한 영양을 공급받을 수 없다. 정신 바짝 차리고 결단하며 주님 앞에 갈급함으로 은혜가 풍성하기를 기도하는 공동체가 되자.

신앙생활에서 공동체의 영적 건강은 매우 중요하다. 잘못된 모습과 가치로 예배가 무너지면 진실한 공동체를 찾는 것이 우선이다. 그러기 위해서는 성도 각 사람에게 말씀을 분별하는 능력이 있어야 한다.

건강한 교회는 말씀에서 벗어나면 안 되며, 혹시 교회가 말씀을 잘못 전하고 있다면 성도는 '아, 저거 아니다. 저런 메시지는 안 돼!' 하고 분별할 수 있어야 한다. 분별하는 기준은 무엇인가.

첫째, 성경에 근거를 둔 것인가 살펴보라. 말씀에서 나오는 말을 하는지, 아니면 자기 말을 하는지를 분별하라. 말씀을 선포하는지 아니면 세상의 좋은 이야기, 시사, 철학을 말하는지 보라.

둘째, 십자가가 등장하는지 보라. 구약이든 신약이든 성경 어느 본문으로 설교를 하더라도 십자가가 등장해야 한다. 그렇지 않으면 설교가 아니라 강의가 된다.

내가 신학대학원에서 공부할 때 매년 특별집회가 있었는데 한번은 지금도 유명한 어느 목사님이 강사로 오셨다. 참 훌륭한 설교를 들었다고 생각했는데 나의 스승이신 하비 콘(Harvie Conn) 교수님이 일어나서 뜻밖의 말씀을 하셨다.

"당신이 지금 한 설교는 강의이지 설교는 아닙니다. 예수 그리스도가 없는 메시지입니다."

매우 놀라웠다. 그래도 초청된 분인데 그렇게 말씀하시는 것이 예의에 맞나 싶었다. 교수님은 그만큼 십자가 중심의 메시지를 중요하게 생각하신 것이다.

말씀 속에 예수 그리스도의 십자가 복음이 나타나지 않으면 그냥 세상 강의가 된다. 강단에서도 자기 생각이 선포되면 독이다. 성경을 구속사적인 눈으로 보고 십자가의 역사가 있는지 분별하자.

누가 설교를 해도 마찬가지다. '주의 종이 말하는 거니까…' 라고 생각하는 것을 탈피해야 한다. 하는 일이 다를 뿐, 말씀을 전하는 이나 듣는 이나 모두 주의 종이다. 목회자를 존경하고 존중하되 무작정 따르지는 말고 아무거나 순종하지도 말라.

똑바로 신앙생활 하자. 독을 먹고도 알지 못하는 분별력 없는 성도가 되지 말고 독이 선포되면 "독이다"라고 말할 수 있어야 한다. 정신 바짝 차리고 정확하게 말씀을 붙잡기 바란다. 복음의 뜨거운 열망이 있기를 소망한다.

순종하는 자에게 주시는 축복

34장은 참담한 사건 후 아들들의 반문에 야곱이 대답하지 못한 채 끝났다. 그런데 놀라운 일이 35장에서 벌어진다. 35장에서 만나는 야곱을 하나님은 또다시 축복하신다. 야곱의 어떠한 온전함과 예배의 모습과 태도 때문이 아니라 끝까지 포기하지 않고 다시 세우시는 하나님의 사랑 때문이다.

야곱이 밧단아람에서 돌아오매 하나님이 다시 야곱에게 나타나

사 그에게 복을 주시고 하나님이 그에게 이르시되 네 이름이 야곱이지마는 네 이름을 다시는 야곱이라 부르지 않겠고 이스라엘이 네 이름이 되리라 하시고 그가 그의 이름을 이스라엘이라 부르시고 하나님이 그에게 이르시되 나는 전능한 하나님이라 생육하며 번성하라 한 백성과 백성들의 총회가 네게서 나오고 왕들이 네 허리에서 나오리라 창 35:9-11

하나님께서 야곱에게 벧엘로 돌아오라고 말씀하시고, 그 말씀대로 순종하고 결단하는 야곱에게 또 복을 주신다. "너 이제 야곱 아니야. 너는 이스라엘이야. 네가 얍복 강가의 은혜를 잊고 네 생각으로 숙곳에 가도 나는 그 약속 잊지 않아. 내가 널 다시 야곱에서 이스라엘로 만든다" 하고 축복하신다.

하나님은 복을 주고 싶어 하신다. 어떻게 하든 복을 주고 싶어 하신다. 작은 믿음과 순종, 작은 결단에도 복으로 반응하시고 구체적인 복을 주신다(우리는 기복적 신앙을 붙잡지 않지만 하나님께서 복 주신다는 것을 부인하지 않는다).

하나님의 축복은 우리 모두에게 있다. 축복 중에 가장 귀한 복은 말씀을 듣고 하나님의 말씀을 알고 반응하는 것이다. 하나님의 말씀이 하나님의 말씀으로 믿어지는 것이다.

아무나 믿어지는 것이 아니다. 어떻게 저걸 믿느냐고 우리를 한심하게 여기는 사람들이 얼마나 많은가? 그런데 우리는 믿어지지 않는가. 하나님께서 세상을 창조하셨다는 것이 믿어진다. 예수 그리스도의 역사가 믿어진다. 믿음은 하나님의 은혜이고 선물이다.

그 은혜 속에서 예배 안에 거하자. 그러나 예배 안에 거하여 은혜를 받았다고 내가 결단했다는 착각은 하지 말자. 진정한 회복은 결단이다. 결단은 반드시 변화로 이어진다. 진정한 회복에는 분명한 변화가 있어야 한다. 가치관의 변화, 내 삶의 변화 없이는 누구도 믿음을 떳떳하게 내놓을 수 없다.

결단해야 한다. 쉽지는 않지만 충분히 가능하고 그럴 능력이 충분히 있다. 하나님의 살아계심을 체험할 때마다 그 어떤 것과도 바꿀 수 없는 행복이 있다. 그 예배가 우리 안에 있기를 축복한다. 그래서 변화된 옷을 입고 변화된 정체성 속에 살아가는 우리 모두가 되기를 바란다.

라헬의 죽음

그들이 벧엘에서 길을 떠나 에브랏에 이르기까지 얼마간 거리를 둔 곳에서 라헬이 해산하게 되어 심히 고생하여 그가 난산할 즈

음에 산파가 그에게 이르되 두려워하지 말라 지금 네가 또 득남하느니라 하매 그가 죽게 되어 그의 혼이 떠나려 할 때에 아들의 이름을 베노니라 불렀으나 그의 아버지는 그를 베냐민이라 불렀더라 라헬이 죽으매 에브랏 곧 베들레헴 길에 장사되었고 야곱이 라헬의 묘에 비를 세웠더니 지금까지 라헬의 묘비라 일컫더라

창 35:16-20

16절부터 20절까지 라헬의 죽음이 언급된다. 라헬이 죽는다는 것을 읽을 때 혹시 기억나는 것이 있는가? 라반의 집에서 도망 나올 때 라헬이 자신의 낙타 안장에 드라빔을 숨겼다. 그때 그것을 몰랐던 야곱은 "이 자리에 드라빔을 훔친 사람이 있으면 그는 반드시 죽을 것"이라고 했다.

외삼촌의 신을 누구에게서 찾든지 그는 살지 못할 것이요…

창 31:32

죄의 삯은 사망이다. 죄를 지으면 죽는다는 것을 우리는 안다. 그런데도 죄를 짓는 이유가 뭘까? 만일 남의 물건을 훔치는 순간 바로 죽는다면 훔칠 사람은 없다. 사기를 치는 순간 죽는다면 사기 치고 죄지을 사람 아무도 없다. 그런데 안 죽는

다. 분명히 성경은 죽는다고 했는데 바로 죽지 않으니까 안 죽는 것 같다.

내 영이 죽고 하나님과의 관계가 무너지는데 그것이 내 육신의 생명보다 귀하다는 것을 모르고 내가 안 죽는다고만 생각한다. 죄는 죽음으로 이어진다. 즉시 죽는 것은 아니어도 때가 되면 반드시 죽는다.

라헬이 죽는다. 베냐민을 낳다가 죽는다. 물론 그 당시에 아이를 낳다가 죽는 경우가 많았다. 그러나 이 부분에 성경이 라헬의 죽음에 관해 말씀하는 것은 매우 중요하다. 더 중요한 것은 놀랍게도 라헬이 어디 갔는지 모른다는 것이다.

라헬이 천국을 갔는지 못 갔는지 알 수 없게 죽는다. 라헬이 누구인가? 야곱의 아내다. 아브라함의 하나님, 이삭의 하나님, 야곱의 하나님으로 이어지는 이 놀라운 믿음의 족보에 야곱이 가장 사랑했던 그 여인의 구원이 확실치 않다. 어느 부분에도 라헬이 하나님을, 하나님이 라헬을 붙잡은 모습이 나와 있지 않다.

성경은 의도적으로 그렇게 했다. 다른 이야기는 성경에 친절하고 상세하게 설명하는 부분이 있는데 라헬에 대해서는 설명하는 부분이 없다. 왜일까? 여기에는 하나님의 의도가 충분히 있다고 생각한다.

물론 추측해볼 수 있다. 야곱이 "다시 벧엘로 올라가자. 너희들 우상 치워라. 의복을 갈아입자" 했을 때 라헬이 순종했을 것이다. 다시 벧엘로 올라가서 예배드리고 그 후에 베냐민을 낳았을 것이다.

그러나 잘 모른다. 라헬은 드라빔을 훔쳤던 사람이다. 드라빔을 훔쳤던 사람이면 하나님을 믿는 사람인가? 믿었다 말았다, 드라빔 믿었다 하나님 믿었다 그랬을 것이다.

우리는 교회 다닌다고 하나님 믿는다고 생각한다.
예배의 장소에 있다고 예배를 드렸다고 생각한다.
은혜의 자리에 있으면 저절로 회복된다고 생각한다.
감정적으로 감동하고 은혜받았다고
믿음으로 산다고 생각한다.

은혜의 장소에 있다고, 은혜받은 사람을 안다고 해서 나도 은혜받는 것은 아니다. 남편이 은혜받고 아내가 은혜받는다고 해서 나도 덩달아 은혜받는 것이 아니다. 기적의 은혜 속에서도, 그 은혜의 자리에서도 내가 결단하지 않으면 그 은혜는 나에게 희미할 뿐이다.

예배, 은혜에서 결단으로

예배는 설교자의 준비와 영성도 중요하고 예배를 준비하는 성도의 자세도 중요하지만 무엇보다 중요한 것은 하나님의 은혜와 긍휼하심이다.

하나님의 은혜와 긍휼하심이 떠나면 끝난다. 성경에 "내가 네게 가서 네 촛대를 그 자리에서 옮기리라"(계 2:5)라고 분명히 말씀하신다. 주님이 그 촛대를 옮기시면 끝나는 것이다. 그것을 두렵게 생각해야 한다.

촛대가 옮겨지면 그때부터는 종교적인 기관일 뿐이지 더는 교회가 아니다. 사람이 많이 모인다고 거기 하나님이 계신 것이 아니다. "두세 사람이 '내 이름으로' 모인 곳에 내가 있다" 하셨다(마 18:20). 예배 외의 다른 것 때문에 그곳에 있는 것이 종교 생활이다. 교회의 세속화를 조심해야 한다.

수많은 선교지를 찾아다니며 함께 예배를 드렸다. 선교지에서 드려지는 예배에는 아무것도 없다. 그러나 악기도 없고 아무것도 없는 그 예배에서 나는 하나님의 놀라운 임재를 느꼈다.

반면 한국 교회의 예배는 참 세련되게 드려진다. 음향과 영상이 훌륭하다. 큐시트를 작성해서 1분, 1초까지 맞춰서 깔끔하게 잘 짜인 예배를 드린다. 그런데 어디에도 느껴지지 않는 하나님의 임재….

거기서부터 교회를 고민하기 시작하게 되었다. 두려운 일이었다. 예배의 진정한 회복은 어디서 가외(加外)로 듣는 설교에서 오는 것이 아니고 나의 공동체 예배가 회복됨을 통해서 온다. 잊지 말라.

공동체에 역사하시는 성령님을 간구하고 기도하자. "공동체 안에 하나님의 은혜가 항상 임재하게 해주소서!" 갈망하고 기도하자. 그러나 예배의 은혜가 분명한 결단으로 이어져서, 지식으로 끝나는 종교적인 삶이 아니라 살아있는 영적 삶을 살아가도록 하자.

다시 벧엘로!

내가 야곱이다. 이해할 수 없는 인생, "이렇게까지 할 수 있어? 정말로 뭐 이래" 이런 인생이 바로 나다. 그럼에도 야곱을 끝까지 잡아주시는 하나님께서 오늘 우리를 붙잡아주신다.

"갈 때도 벧엘, 올 때도 벧엘. 이것밖에 없어. 야곱, 너 살려면 예배가 회복돼야 돼."

처음부터 끝까지 하나님이 야곱에게 가르쳐주고 싶으셨던 것은 바로 예배였다.

"왜요?"

"예배가 회복되어야지, 그렇지 않으면 너도 죽어. 그런데 너 혼자 드리는 예배가 아니야. 공동체가 함께, 공동체적으로 드리는 예배가 회복돼야 해."

예배가 있는 곳마다 성령의 임재가 우리를 붙잡고 회복의 역사가 일어나기를 소원한다. 그리고 그 하나님께 결단하고 반응하는 우리 모두가 되기를 소망한다.

비대면의 시기에 **하나님과 대면하라**

코로나 바이러스가 세상을 뒤덮었다. 세상 어디도 안전하지 않다. 전쟁에도 이어지던 예배가 이제 비대면으로 각자 자신이 있는 곳에서 드려지게 됐다. 지금은 하나님께서 '코로나'의 시간을 통해 우리에게 원하시는 것이 있는 것 같다.

첫째, 나의 벧엘을 확실하게 하는 것이다.

우리는 교회다. 어디를 가든 어디에 있든 분명하게 교회로서 부르심을 받은 사람들이다. 비대면의 시기가 하나님과 대면하는 시간이 되도록 집중하자. 여러 사역과 사람들로 가득 차던 주일을 하나님과 나만의 시간으로 세워가자. 한 사람의 벧엘이 회복되면 그 한 사람 한 사람이 모여지는 공동체의 예배는 폭발적일 것이다.

둘째, 감사하지 못했던 소중한 공동체를 기억하자.

모이는 것이 당연했던 시간, 공동체를 향한 감사함이 모자랐다. 쉽게 공동체에 대해 불만족스러워 했다. 모임이 자유롭지 않은 지금, 공동체를 더욱 사랑하는 시간이 되길 원한다.

셋째, 교회는 무엇일까? 믿는 자들이 예배드리며 이웃을 사랑하는 곳이다. 교회로서 이 시대에 '세상이 걱정하는 곳'이 아니라 '세상의 빛'으로 세워지려면 우리는 반드시 믿는 대로 살아야 한다. 믿음이 삶으로 나타나는 공동체가 되도록 기도하며 준비하자.

야곱의 인생에 비추어진 모든 안타까움은 내 삶 속에서도 쉽게 찾아진다. 야곱을 끝까지 살리시는 주께서 나도 살려주셨다. 그 사랑의 반응을 우리의 벧엘에서 주께 올려드리자. 예배 한 번이 나의 마지막 예배라 생각하며 준비하여 올려드리자.

그리고 주께서 주시는 사랑을 그대로 이웃에게 흘려보내자. 주님을 향한 공동체가 주님의 마음을 세상으로 흘려보낼 때 진정한 회복이 일어날 것이다.

세상이 아무리 변해도 변하지 않는 것이 진리다. 진리는 상황에 따라 변하지 않는다. 진리는 세상에서 우리를 자유케 한다. 로드맵과 같은 새로운 삶의 여정이 펼쳐진다. 굽이굽이 쉽지 않은 상황을 피해갈 수 있는 인생은 없지만, 사람은 같은 상황에서도 같은 반응을 보이는 것은 아니다. 영적 깊이와 체험으로 다른 반응을 하게 된다.

요즘 '뉴 노멀'(New Normal, 시대 변화에 따라 새롭게 떠오르는 기준 또는 표준)이라는 말이 자주 등장한다. 코로나 이후의 삶이 새로운 노멀이 되며 많은 부분이 달라지리라는 것이다. 그러나 진리는 불변하며 그 진리를 붙잡는 본질도 똑같다. 더욱 본질에 집중해야 한다. 진정한 뉴 노멀은 십자가를 붙잡는 그 순간부터, 세상을 붙잡았던 그 손을 놓는 순간부터 시작되는 것이다.

세상의 것들은 모두 다 끝난다.
지금의 고통과 어려움도 계속될 것 같지만 다 지나간다.
하지만 진리는 불변하기에 하나님을 대면해야 한다.
야곱과 같은 나를 붙잡아주시는 주님을
예배하고 찬양하며 살아가는 것이다.
두려울 것 없다. 걱정할 것 없다.
주님께 맡기고 살아간다.

야곱을 살리신 하나님은 나를 살리신다.
하나님이 세상을 이처럼 사랑하사 독생자를 주셨다.
믿으면 산다.
믿으면 자유케 된다.
믿으면 내 마음대로 안 되고 주님 뜻대로 되길 기도한다.

승리하는 신앙생활이 되시길 기도한다.

동네 카페에서
홍민기 목사

내 마음대로 된 것이 하나도 없었다

초판 1쇄 발행   2020년 10월 8일
초판 4쇄 발행   2020년 11월 20일

지은이   홍민기

펴낸이   여진구
책임편집   최현수
편집   이영주 김윤항 안수경 최은정 김아진 정아혜
책임디자인   마영애 노지현 | 조아라 조은혜
기획·홍보   김영하   해외저작권   기은혜
마케팅   김상순 강성민 허병용   마케팅지원   최영배 정나영
제작   조영석 정도봉   경영지원   김혜경 김경희

303비전성경암송학교 유니게과정   박정숙 최경식
이슬비전도학교 / 303비전성경암송학교 / 303비전꿈나무장학회   여운학

펴낸곳   규장

주소   06770 서울시 서초구 매헌로 16길 20(양재2동) 규장선교센터
전화   02)578-0003   팩스 02)578-7332
이메일 kyujang0691@gmail.com   홈페이지 www.kyujang.com
페이스북 facebook.com/kyujangbook   인스타그램 instagram.com/kyujang_com
카카오스토리 story.kakao.com/kyujangbook
등록일 1978.8.14. 제1-22

책값 뒤표지에 있습니다.
ISBN 979-11-6504-139-7 03230

이 도서의 국립중앙도서관 출판시도서목록(CIP)은 서지정보유통지원시스템 홈페이지(http://seoji.nl.go.kr)와
국가자료종합목록구축시스템(http://www.nl.go.kr/kolisnet)에서 이용하실 수 있습니다.
(CIP제어번호 : CIP2020041490)

규 | 장 | 수 | 칙

1. 기도로 기획하고 기도로 제작한다.
2. 오직 그리스도의 성품을 사모하는 독자가 원하고 필요로 하는 책만을 출판한다.
3. 한 활자 한 문장에 온 정성을 쏟는다.
4. 성실과 정확을 생명으로 삼고 일한다.
5. 긍정적이며 적극적인 신앙과 신행일치에의 안내자의 사명을 다한다.
6. 충고와 조언을 항상 감사로 경청한다.
7. 지상목표는 문서선교에 있다.

하나님을 사랑하는 자 곧 그의 뜻대로 부르심을 입은 자들에게는 모든 것이 合力하여 善을 이루느니라(롬 8:28)

Member of the
Evangelical Christian
Publishers Association

규장은 문서를 통해 복음전파와 신앙교육에 주력하는 국제적 출판사들의
협의체인 복음주의출판협회(E.C.P.A:Evangelical Christian Publishers
Association)의 출판정신에 동참하는 회원(Associate Member)입니다.